60 anos
para ESVAZIAR,
QUEBRAR & SER

MARISE TOLEDO

60 anos para ESVAZIAR, QUEBRAR & SER

festas, dores e personas, viagens e reflexões

© Marise Toledo, 2024
Todos os direitos desta edição reservados à Editora Labrador.

Coordenação editorial Pamela J. Oliveira
Assistência editorial Leticia Oliveira
Projeto gráfico e capa Amanda Chagas
Diagramação Heloisa D'Auria
Preparação de texto Mariana Cardoso
Revisão Daniela Georgeto
Imagens de capa e miolo Acervo pessoal da autora

Dados Internacionais de Catalogação na Publicação (CIP)
Jéssica de Oliveira Molinari - CRB-8/9852

Toledo, Marise

    60 anos para esvaziar, quebrar e ser / Marise Toledo.
São Paulo : Labrador, 2024.
    336 p.

    ISBN 978-65-5625-607-8

    1. Memórias I. Título

24-2067   CDD 927

Índice para catálogo sistemático:
1. Memórias

Labrador

Diretor-geral Daniel Pinsky
Rua Dr. José Elias, 520, sala 1
Alto da Lapa | 05083-030 | São Paulo | SP
contato@editoralabrador.com.br | (11) 3641-7446
editoralabrador.com.br

A reprodução de qualquer parte desta obra é ilegal e configura uma apropriação indevida dos direitos intelectuais e patrimoniais da autora. A editora não é responsável pelo conteúdo deste livro. A autora conhece os fatos narrados, pelos quais é responsável, assim como se responsabiliza pelos juízos emitidos.

Sumário

Festa de 60 anos

Festa de 60 anos — 12
Prefácio — 15
Sessenta anos com autoconhecimento,
estilo, autocuidado e alto astral — 19
Fiz lifting facial — 20
Um despertar — 20
Reunião de alinhamento — 23
Ele estava vivo – Ele está vivo:
Conversei com quem entende de vida — 24
Aula de dança — 27
O sarau literário — 27
Li, logo escrevi — 54

Dores e personas em dobro

Foi mediante a dor — 58
Ontem à noite — 62
Hoje acordei — 62
Na madrugada — 62
Hoje ao acordar — 63
Ontem à noite — 63
Hoje, a dor — 64
Hoje fiz alongamento... — 65
Estou mais animada — 65
Semana passada... — 65
Estou me desmanchando... — 66
Tá doendo — 66

Acho que o motor... — 66
A dor de viver — 67
Dói tanto que... — 69
Comecei o tratamento... — 70
Abra-se ao mundo! — 70
Dói. Vá! — 71
Hoje eu vivi o... — 71
Generosidade — 74
Hoje acordei bem — 75
Universo amigo, por que comigo? — 76
70 vezes 7 – sempre — 76

TDAH, EU?

Foco — 80
Imagine... — 81
Já é noite – Meu Deus, — 84
Fomos passear... — 86
O cérebro do TDAH... — 86
Excesso de pensamento — 87
Ainda não sou capaz... — 91
Começo a rir... — 91

DIÁRIO DE BORDO DESDOBRADO

Santa, Terra Santa — 95
Assis, de Francisco — 97
Grécia, Suíça, França — 99
Paris, Paris, Paris — 101
Cruzeiro fluvial pelo Reno – Europa — 102
Acordo com o Reno — 105
Venho do Brasil — 107
Parada para Champagne — 109
Boas lembranças — 110
Um Cruzeiro, por favor — 114
Cruzeiro, para navegar... — 115

Planeje a sua! ──────────────────────────────── 116
Universo de possibilidades no aeroporto da vida ──────── 119
Grécia – Suíça – França ──────────────────────── 128
Capitais ibéricas Barcelona/Lisboa ─────────────── 131
Primeira viagem solo no exterior ───────────────── 131
Porto ─────────────────────────────────── 172
Santuário de Nossa Senhora de Fátima ───────────── 177
Ele estava no meio de nós ───────────────────── 178
Portugal ───────────────────────────────── 178
Estou no ônibus ──────────────────────────── 179
Gostaria de ter ido ──────────────────────── 182
Aveiro ───────────────────────────────── 183
Emoção ──────────────────────────────── 184
Terça-feira, último dia de viagem ───────────────── 186
Gratidão ────────────────────────────── 188
Hotel no aeroporto de Guarulhos, foi restaurador ──── 189
Loucura total: Transporte = mudar de lugar ─────── 190
Emoções ───────────────────────────────── 191
Dubai: ri pela metade da minha vida ──────────── 194
Marise, como foi levar você para esse passeio? ──── 203
Patagônia Argentina ──────────────────────── 207
Bom diaaaa daqui do Fim do mundo, Ushuaia ─────── 216
El Calafate ────────────────────────────── 220
Gratidão ────────────────────────────── 222

Eu, o papel e a caneta

Meu vocabulário: Palavras ditas e palavras escritas ──── 226
Frases que me marcaram: Ouvi e acreditei ─────────── 231
Filmes/Livros/Eventos ──────────────────────── 231
Filosofando ────────────────────────────── 238
Reflexões (postadas nas redes sociais) ───────────── 245

Festa de 60 anos

~~~~~~

Venha seguir e curtir 60 anos des-do-bra-dos!

Acompanhe @marise.toledo, sexagenária sedenta por autoconhecimento e evolução. Escritora compulsiva, põe no papel ou na tela suas reflexões que nunca descansam.

Tempo da delicadeza

Sigo perseguindo meu Eu
Foram tantas dores enlouquecedoras que franziram minha testa
Tantas raivas que enrijeceram os músculos da minha face
Fui me dobrando
Me embrulhando
E agora
Faz um tempo
De um tempo pra cá
Comecei a me acariciar
Olhar para mim
Falar com meus botões
Alongar, aliviar
Ouvir minha música
Sentir
Dançar
O autoconhecimento
Autocuidado
Parece que
Foi acontecendo enquanto eu sonhava alto
Sonhava em silêncio
Dois pra lá
Dois pra cá
Respirar e sentir o ar que entra
Olhar no espelho
E me reconhecer
Não é nada contra a idade
Contra o envelhecer
É colocar-me no meu lugar
Olhar e me ver
Me reconhecer

Festa de 60 anos

ABRIL DE 2022

Armando Gonçalves – professor de Dança de Salão

Filhos e netos

Prefácio

É difícil comentar sobre essa escritora vasculhadora dos pensamentos, que, pelos quatro ventos, percorre o mundo, quer na música, nos livros, na Bíblia, e, na sua própria mente, os fermenta. Veste-se de filósofa e com reflexões profundas nos presenteia. Seus textos produzidos no agora, na linguagem deste século, na era da informação-relâmpago, em que não precisamos de papiros, nem de pergaminhos e escribas, ela nos faz lembrar dos "Provérbios de Salomão" e dos sábios do Antigo Oriente registrados nas Escrituras Sacras quase três mil anos atrás.

Marise Toledo assim se apresenta: "Escritora compulsiva, que usa estradas, portos e aeroportos para driblar a fibromialgia e tropeçar no TDAH".

Lendo os textos dela, sejam poemas, reflexões ou registros de viagens, lançados no papel de forma solta, descompromissada com as amarras da vida, encontramos a narradora, poeta, evangelista e filósofa, caminhando dentro dos dias de forma serena, por terra, céu e mar, desenhando a sua biografia. Eu não consegui enquadrá-la em nenhum gênero literário específico. Ela é livre de rótulos e não se submete a nenhuma regra. Sua mente vagueia soberana, como dona da terra, dos céus, dos mares e dos ventos, com pensamentos que se fixaram em páginas, com a leveza dos sussurros dos anjos. A sua linguagem desnuda o seu coração que se desfaz nas orações, nas frases chamativas para a conexão com o alto.

Houve um desprendimento total registrado por ela: *Esvaziar, Quebrar e Ser*. O Ser que se desdobra entre festas, dores, viagens e reflexões: ela, com o papel e a caneta nas mãos, narra a sua passagem veloz, rabisca os seus feitos misturados às dores, aos amores e às marcas do tempo. Ela se busca no esconderijo secreto e de lá se olha e se admira: "Respirar e sentir o ar que entra/ Olhar no espelho/ E me reconhecer/ Não é nada contra a idade/ Contra o envelhecer/ É colocar-me no meu lugar/ Olhar e me ver/ Me reconhecer".

Intimista, sempre procurando respostas, celebrando a vida com alegria, com entusiasmo, com aventuras e conectada com o mundo, sempre indagando, com uma sede enorme de aprender, de chegar a algum porto que, quem sabe, já chegou. Esse porto, que é ponto central deste livro, é o amor divino. Esse amor é narrado quase como uma oração onde ela se debulha:

> *Desce da cruz, Jesus/ Vou Te ajudar/ Estou juntando todos os esforços físicos, intelectuais e espirituais/ para tirar os pregos de Tuas mãos/ Como sangram!/ Como deve ser doído!/ Ainda dói?/ Valeu a pena?/ Sei que sim [...]/ Jesus, Tuas Palavras ficaram gravadas em mim/ Por isso estou aqui/ Sei em Quem coloquei minha confiança!*

Esse último verso confessa a sua entrega a Jesus, que é a chave que lhe abriu as portas dos céus. A conversão, a sua redenção aos pés de Jesus, mudou a rota da sua vida, onde ela se esvaziou, se quebrou por inteira e se tornou apenas um Ser, esvaziado, dependente de Jesus e movida pelo Espírito Santo.

Ela é a filha que viaja com a mãe, que curte os filhos e os netos, não perde nada que a vida lhe proporciona e vê o mundo com uma nova visão, uma oportunidade para evangelizar e ser luz! Ela é uma evangelista do momento, com uma linguagem diferente da escrita clássica da Antiguidade. Com estilo único, intercala os seus escritos com registros bíblicos, histórias de grandes homens que, inspirados por Deus, escreveram livros santos. Fala de Moisés, de Pedro, de Jesus Cristo e outros tantos.

O objetivo da autora não é só engrandecer os grandes feitos de Deus e a linha que Ele usa para costurar a história e conduzir a humanidade, mas levar a luz sagrada aos corações sedentos e lançar o chamado para os que dormem. Essa é a forma criativa de apresentar aos leitores o Salvador do mundo, a luz que brilha!

> *Naquele tempo.../ Jesus seguia seu propósito e ia para Jerusalém/ E perguntaram a Ele:/ É verdade que é difícil se salvar?/ Jesus podia ter sido breve e falado assim:/ Sigam seu propósito de vida!// Mas/ Falou por parábola:*

> *a porta é estreita! Mateus (7:13-14)// Pela porta estreita cabe nossa essência/ Não cabe excessos/ Não reconhece mágoa, inveja, ressentimento/ Só passa o EU imagem do Criador/ Vai ter que reconhecer o DNA, e ver que é da descendência do Criador.*

São muitos os poemas dedicados a Deus, como se fossem salmos, uma vez que ela também é salmista, pois participou de duas antologias de salmos modernos; uma foi lançada em Genebra e a outra, nos Estados Unidos.

Nesta obra, a autora registra, também, as experiências e emoções em viagens que realizou:

> *Não dei volta ao mundo, mas meu Universo fica ampliado a cada "mala que arrumo"/ Fui para o Oriente e voltei para o Ocidente, do deserto para os campos férteis/ Foram cruzeiros pela costa brasileira, Europa e pelo Remo, fazendo a rota dos castelos/ Incrível! Tem que ver pra crer!*

Há também, neste livro, relatos sobre a comemoração dos sessenta anos da autora, que ocorreu em 24 de abril de 2022 e foi um sucesso. Paris foi o tema da festa, cujo ambiente central foi a Praça dos Artistas, com a Torre Eiffel no meio do salão. Havia, também, a livraria da escritora, com os contos e poesias dela, bem como um sarau com leitura de suas reflexões e uma banda para animar os amigos e parentes. Além da lista, havia caricaturas dos convidados. A festa foi um arraso!

O papel e a caneta agasalham o Eu da autora, transformando-se em letras e em sentimento puro em suas reflexões, como se observa em "Minha verdade fala muito alto": "Grita dentro de mim// Preciso dar atenção a ela/ Ouvi-la/ E contar para meus leitores com cautela [...]". Sua mente borbulha incessantemente como vemos: "Sou uma Antologia/ Essa ideia me acalma/ Diversas páginas, diversos poemas e contos/ Página sonhadora/ Filhos/ Vida solo/ Escritora [...]".

Aos leitores, entregamos as escritas emocionantes e cativantes de Marise Toledo, as quais seguramente poderão mudar o curso de suas vidas. Ela encontrou o poço de água viva! Caminha agora num caminho estreito sem volta!

Que vocês também encontrem essa fonte sagrada, sejam encantados e, quem sabe, transformados.

Santa Catarina Fernandes da Silva Costa

Formada em Letras e Direito, publicou seis livros, sendo três de poesias, um de memória e dois voltados às Escrituras Sagradas. É participante de várias antologias nacionais e internacionais e recebeu muitos títulos de reconhecimento de seu trabalho literário, entre eles estão o Título de Imortal e o Título de Doutora em Filosofia Univérsica – Ph-I – Philosophos Immortalem.

Sessenta anos com autoconhecimento, estilo, autocuidado e alto astral

ABRIL DE 2022

Em novembro de 2021, assim que acordei, decidi comemorar meus sessenta anos.
Foram seis meses de planejamento.
O dia do meu niver é 02/04.
Comemorei em 24/04/2022. Foi uma festa de arrasar!

Começaram os preparativos no estilo de uma cabecinha com transtorno do déficit de atenção com hiperatividade (TDAH), acionando o hiperfoco, que, quando convocado, põe em risco de fazer-tudo-acontecer. Literalmente, tudo! Se a festa fosse hoje, penso que não seria apenas com o tema parisiense, mas provavelmente em Paris, porque meus pensamentos criativos são incansáveis.

Checklist:
— iniciar aula de dança e fazer uma apresentação na festa;
— descobrir um salão de festas para o evento — foi quase impossível, pois o mundo todo decidiu festejar após a pandemia (início de 2020);
— tema: Paris — o ambiente central será a Praça dos Artistas;
— chamar um cartunista para fazer caricatura dos convidados;
— a Torre Eiffel ficará no meio do salão;
— minha livraria, com meus contos e poesias;
— sarau com leitura de minhas reflexões;
— banda para animar meus amigos e parentes;
— lista de convidados — TODAS AS PESSOAS que, de alguma forma, cuidam de mim: *coach*, massagista, quiropraxista, cabeleireiro, manicure, *personal* do pilates, funcionárias de casa e do prédio, Maria Bolacha — onde compro bolachinhas e pães (chamar

familiares de alguns amigos, ainda que eu não os conheça, para ninguém se sentir deslocado);

— entrar no salão com filhos e netos vestidos a caráter.

A cada segundo, naqueles seis meses, brotava uma ideia diferente que se encaixava.

Fiz lifting facial

QUARENTA DIAS ANTES DA FESTA

Acordei, olhei no espelho e achei que minhas pálpebras estavam tristes. Mas o Dr. Paulo Garcia me convenceu a dar um retoque aqui e ali. Ele tinha razão, além de competência.

A Festa foi um evento em que a Vida de cada um foi vivida com sonhos e alegria.

Nos sentimos vivos; esse era o objetivo.

Um despertar

NOVEMBRO DE 2021

Despertei/desdobrei para a comemoração dos meus sessenta anos de vida.

Naquela manhã, tomei a decisão de celebrar minha vida de forma plena.

O tema que o Universo apresentou para mim foi Paris.

E num dado momento ficou definido que o cenário seria a Praça dos Artistas,[1] no bairro de Montmartre.

---

1 "A Praça dos Artistas em Paris foi o local que, após a Revolução Francesa, começou a atrair muitos artistas como Renoir, Van Gogh e Picasso, que costumavam se reunir em torno da praça.

Ok, eu tomei a liberdade de transportar a Torre Eiffel do rio Sena para a Praça. Foi-me dado o poder de decidir como realizar meu sonho e colocar a Torre onde bem quisesse.

Abracei a causa.

A partir da decisão, comecei a recrutar minha equipe (decorador, cerimonialista, fotógrafo etc.) para embarcarem nesse sonho, rumo a Paris.

Não foi simples.

Aconteceu algo do tipo: providenciar o passaporte para cada um. O que levar na viagem? Que roupa usar?

Brincadeirinha.

Tínhamos que entrar no clima.

Todos estavam entusiasmados, mas sem saber o que encontrariam.

Não era mais uma festa ou mais uma viagem.

Cada um da equipe, bem como cada convidado, foi desafiado a despertar comigo.

Despertar/desdobrar para a realização de seus sonhos.

Despertar para um campo de possibilidades ou uma Praça de possibilidades.

Atuar!

Colocar plumas, penas, óculos, pérolas e boinas.

Naquela Praça, as rosas serviram de moldura para as fotos.

Naquela Praça, as máscaras caíram e o cartunista destacou os perfis.

Atualmente os artistas ainda utilizam esse espaço ao ar livre e produzem retratos, caricaturas, silhuetas e pinturas. A praça é cercada de vários restaurantes e cafés com mesas nas calçadas." Place du Tertre – O coração de Montmartre. Direto de Paris, 2016. Uma placa instalada na Place du Tertre, em 1966, afirma que a praça foi criada em 1366. Contudo, outras fontes apontam que sua abertura ocorreu somente em 1635.

De todo modo, após a Revolução Francesa, o local começou a atrair muitos artistas, entre eles Théodore Géricault, Jean-Baptiste Camille Corot, Renoir, Camille Pissarro, Van Gogh, Cézanne, Suzanne Valadon, Maurice Utrillo, Toulouse-Latrec, Mondigliani e Picasso. Em 1955, o local começou a ser ocupado pelos artistas que vemos atualmente. Em 1980, a prefeitura passou a gerenciar o Carré aux Artistes, como é chamado o espaço ocupado pelos artistas no centro da praça.

Naquela Praça, meus livros estavam bem ali como companheiros de viagem.

Naquela Praça, a poesia esteve no ar.

Naquela Praça, quem ouviu a música, dançou.

Naquela Praça, quem se aquietou foi capaz de saborear um café com nada menos que a Torre Eiffel à sua frente.

Ao sair daquela Praça...

Mon Dieu!

Um recado precisava ser dado:

#Esvaziar, Quebrar e SER!

Reunião de alinhamento

PRIMEIRO ME REUNI COM JESUS

Chamei-O cantando:

♪♫

*"Queria poder dizer em palavras o que sinto agora
Queria poder dizer que o Senhor é meu amigo mais querido".*[2]

E me lembrei que
A vida é bela!
Sempre me lembro desse filme.

Nesse filme, *A vida é bela*, tem um casal e seu filho, Josué.
A história se passa durante a segunda guerra e eles são levados para um campo de concentração.
A esposa vai para um pavilhão e o pai, com o menino, para outro.
Guido, o pai, se desafia em mostrar para Josué que a vida é bela.
Que o que estão vivendo naquele momento é um jogo, o jogo da vida.
Cada gesto, cada atitude conta pontos.
Eles tinham a seu favor confiança e cumplicidade, que já lhes conferiu muitos pontos na largada inicial.
Porém Guido analisa as regras do jogo e apresenta a seu filho uma aventura incrível e que, para vencerem o jogo, teriam que ser corajosos. Os desafios seriam enormes para celebrar a vida.
Guido usa o megafone do campo de concentração e põe música para se comunicar com a esposa que está em outro pavilhão, e declara seu amor a ela.

---

2 "Eu te chamo Jesus", Dunga.

Celebra a vida!

Entraram no jogo, criaram estratégias e, apesar de a vida do casal ser ceifada, Josué entendeu que a vida pode ser bela.

A vida é bela! Celebrar a vida...

Celebrar a minha vida com meus amigos e parentes...

Que seja bela! Que tenha sonhos! Que seja emocionante!

Desejei que vivessem sua individualidade tanto quanto eu buscava a minha.

Eu em busca do meu Eu, resgatando o brilho nos olhos.

#DESDOBRAR

Ele estava vivo – Ele está vivo: Conversei com quem entende de vida

Houve um tempo em que me coloquei diante do Sacrário muitas vezes, e fiz-me presente numa conexão verdadeira com Jesus.

E quando me punha a cantar:

"Eu quisera Jesus adorado
teu Sacrário de amor rodear
de almas puras florinhas mimosas
perfumando seu santo altar".[3]

---

3   "Eu quisera", Eugenio Jorge.

O desejo de ver muitas pessoas conectadas era tão intenso.
Mas
Quando isso aconteceria?
Onde?
Quem seriam os felizardos?
Os escolhidos
Os atraídos

"Eu sei que Tu me sondas..."[4]

Saía das minhas entranhas
E, depois de muitos anos
Depois de muita provação

Eu estava cheia da Alegria Dele
Pronta para espalhar a Alegria
O buffet Fauze Karan, em São José do Rio Preto/SP, disfarçadamente foi o santuário onde tantos transbordaram de alegria
Da Alegria que vem do alto

Eu quase podia ouvir Jesus falando no meu ouvido:
"Para que a minha alegria esteja em vós.
Para que a vossa alegria seja completa". (João 15:11)

Loves in the Air (com essa música entrei no salão acompanhada dos meus filhos e netos)

Bendito seja Deus!
O amor estava no ar

---

4   "Senhor, eu sei que tu me sondas", Vencedores por Cristo.

Em Paris
Nos corações
Nas emoções
Sonhos

Sim, eu quisera celebrar meus sessenta anos.
Mas não ver pessoas simplesmente sentadas numa mesa aguardando o tempo passar, aguardando para mudar o calendário na virada do ano.

É muito maluca essa ideia de autorrespeito
É superior
Transcendente
É respeito com o Projeto do Criador

"Queria poder dizer com palavras o que sinto agora
Queria poder dizer que o Senhor é meu amigo mais querido, é minha história de amor".[5]

Hoje em dia,
Ando pela rua e flutuo
Sinto liberdade, converso com leveza com as pessoas
Danço e me sinto viva
Seleciono os pensamentos que quero que me acompanhem
Penso nos diversos desafios que meus filhos enfrentam e enfrentarão, e sei que o Senhor É, que está ali neles
O Senhor está com eles
No Criador, cada um deles tem a chave da conexão, com a possibilidade de SER

---

5 "Eu te chamo Jesus", Dunga.

Aula de dança

DANÇA DE SALÃO

Rapidinho o Universo tratou de me apresentar nada menos que Armando Gonçalves, professor de dança de salão. Conversamos pelo WhatsApp e fui na primeira aula.

Ele me perguntou:

— O que você quer?

— Quero que todos curtam minha festa, que se envolvam.

E fiquei divagando de um lado para o outro até que ele fez outra pergunta:

— O que você quer dançar?

— Não sei. Ah, tem uma música que acho um desrespeito ouvir sentada: "*New York New York*".

— Então você vai dançar e arrasar.

Arrasamos! DESDOBRAMOS.

Depois de um tempo ele me disse que, quando comecei a dizer o que queria, ele pensou: *ela é louca, mas estou gostando dessa loucura.*

Kkkk

O sarau literário

O sarau se deu num momento da festa, na Praça dos Artistas. Eu e algumas amigas do Clube de leitura (Casa da Flores) nos sentamos em volta de umas mesinhas e cada uma leu uma reflexão escrita por mim.

Essas reflexões foram distribuídas no final da festa em forma de lembrança.

Foram estes textos:

"DEIXE QUE DIGAM/QUE PENSEM/QUE FALEM"[6]

Eu mesma já disse, pensei, falei
Agora quero experimentar
Sessenta anos
Eu não sei agir de acordo com a minha idade,
Eu nunca tive essa idade antes

Quero experimentar as delícias divinas
Quero experimentar esse tal amor incondicional
Quero o tal ombro para descansar
Quero saber que sou percebida com um olhar holístico
e, ainda assim, sou aceita pelo meu Criador
Saber que sou conhecida quando me deito e me levanto,
quando choro ou dou gargalhadas, quando procuro ou encontro

"Eu, eu, eu
Eu quero é Deus
Eu, eu, eu
Eu quero é Deus
Não importa o que vão pensar de mim
Eu quero é Deus".[7]

Eu me rendo
Eu me permito
Aceito minha pertença ao Universo
Aceito que não entendo, mas tem Alguém que me percebe,
Um Criador de todas as coisas visíveis e invisíveis

"Deixe que digam
Que pensem
Que falem."

---

6   "Deixa isso pra lá", Jair Rodrigues.
7   "Eu quero é Deus", Comunidade Evangélica de Nilópolis.

TAPETE ROXO, LINDO DE VER

Na avenida José Munia, pra começar a semana, ainda bem de manhãzinha, o Criador estendeu um tapete de flores roxas oferecidas pelos ipês para que suas criaturas amadas por ele desfilassem como celebridades que são

Um bom início de semana para quem decidiu dar passos em busca de saúde, de liberdade, de prazer

Com tênis coloridos, roupas alegres, bonés, peles rosadas, lá estavam os privilegiados caminhando, correndo, respirando ar puro, desfilando no tapete roxo

O Oscar vai para quem
Passar
Passear
Prosseguir
Seguir em frente
Sinta-se pertencente ao Reino
À realeza
Reine
Reaja
Você é a celebridade que pisa neste tapete
Seja protagonista
Assuma sua fala, seu roteiro
Dê voz ao seu Propósito.
Criador e criatura — ação!

ACORDAR COM O CANTO DO BEM-TE-VI

Bem-te-vi
Não te vi
Mas te ouço
Acaso vês a Deus para saudá-Lo logo cedo?
Também não me vês, mas cantas na minha janela

E você, tem também um bem-te-vi na tua janela?
Por aqui a terra é firme, não treme
Posso umedecer o ar
A vida é bela!

Creio que, no filme *A vida é bela*, o amor vivido pelo casal do filme e a vida que o filho poderia ter pela frente deram a força necessária para que aquele pai criasse um jogo e, no final, seu pequeno garoto, sentado num tanque de guerra sem os pais ao seu lado, acreditasse, mesmo que por um instante, que *A vida é bela*!
Pode ser, não acha?

E SE...

Eu pensar em Deus...
Der espaço para o tema...
E se... eu pensar em religião, que deveria religar...
Se, por um momento, deixar de pensar no comportamento das pessoas — apenas eu, Deus e a religião...
Que dúvidas me acompanham?
Que peso eu ainda me imponho ao ter uma religião?
Que benefícios ela me proporciona?
De quais alegrias, paz e certezas eu desfruto por saber que Deus existe?
O que ganho com esta experiência ou a falta dela?

E SE...

Eu fizer uma lista de alimentos que me deixam leve...
Alimentos que realcem minha essência...
Essência de alguém que não tenho dado a atenção que merece.
Escolher, apreciar, saborear...
Ah, a minha essência... por onde andará?
Uma parte de minha essência pode ser:

Disposição para um bate-papo, ouvir música, organizar minhas coisas?

Ter um sono restaurador pode me recompor?

E se... eu fizer a lista de alimentos determinados por mim, que eu escolho como devem ser preparados — resgato parte de mim?

E se... isso for o começo de um tempo novo? Um novo eu?

Quem ganha com isso?

Que peso é esse que... a comida me proporciona?

Peso de consciência

Peso no estômago

Peso na balança

Quem está no domínio?

E SE...

Eu for "passear na floresta...

Enquanto seu lobo não vem..."

Posso até me ver passeando, observando as árvores lindas, pássaros cantando, o vento no meu rosto...

Posso sentir a liberdade...

Meus pés tocando a terra, as folhas caídas pelo caminho... pode ser que o lobo não venha...

Mas, se ele vier e eu tiver desfrutado das delícias da floresta, então poderei respirar fundo, e correr, correr, e correr do lobo — não da vida

E SE...

Eu fosse viajar daqui a quinze dias...

Em quê essa viagem se distinguiria de outras que já fiz?

Essa viagem é minha

Eu sonho, decido o destino, o alojamento, a companhia, o tempo que ficarei

Por que eu faria algumas mudanças?

Que passeios eu faria?

Que comidas escolheria?

No inverno ou no verão?
O que eu colocaria na mala?
Quem ganharia com isso?

E SE...

<u>Eu pensar no meu propósito no Universo...</u>
Se eu apreciar a palma da minha mão, minha individualidade, minha digital — única...
Pensar no que foi investido em mim...
Meu valor...
E se eu me olhar no espelho...
E se...
Eu ler meus pensamentos...
Valorizar meus sentimentos...
Se eu passar as mãos nos meus cabelos...
Se eu me tocar com carinho...
É possível que eu sinta...
Culpa?
Surpresa?
Admiração?

E SE...

<u>Eu der atenção especial ao meu trabalho...</u>
Observar o ambiente...
O meu lugar...
Nas horas do meu dia que são dedicadas a ele...
Que sentimentos ele produz em mim?
Quem são as pessoas envolvidas no meu trabalho?
E se... eu me decidir a fazer destas horas usadas no meu trabalho um motivo de bem-estar...
Como poderá ser?
Quem vai ganhar com isso?

E SE...

Eu encarar o vírus...
Eu, antes do vírus...
Eu, hoje...
Como tenho feito "o dever de casa"?

E se eu encarar a vida...
Encarar a morte...
A vacina...
A ciência e os cientistas...
E... se eu me olhar como quem faz as próprias escolhas
sem transferir para esse ou aquele a responsabilidade...

E se eu fizer o "distanciamento social" das redes sociais?
Afasto-me do celular, da mídia, e "falo com meus botões..."
Falo sobre os cuidados com minha saúde, minha alimentação, como tenho ocupado meu tempo, o que tenho oferecido para minha mente e espírito...
E se... eu amadurecesse...

E SE...

Eu me aproximar da mesa...
Da mesa já posta para mim...
A toalha foi estendida, branca...
O trigo foi amassado, tornou-se pão...
A uva foi amassada, tornou-se vinho...
E se...
Eu der um passo...
Ocupar meu lugar...
A mesa está posta!

E se... eu me aquietar e perceber que tem lugar para todos
Tem pão e vinho para todos

Fome de quê?
Sede de quê?

E SE...

<u>Eu por um momento vislumbrar as possibilidades que tenho...</u>
As possíveis...
Atitudes que podem me movimentar...
Eu, criatura pensante, inteligente, capaz...
Neste momento, o que posso fazer?
Que surpresa posso fazer para o espelho?
Que carinho posso fazer por mim?

Ah, permita-se!

E SE...

<u>Eu me esvaziar...</u>
Do que produz ansiedade em mim...
E se eu me esvaziar...
De sentimentos que nunca foram meus,
mas "impostos a mim" por circunstâncias diversas...
E se eu me esvaziar...
Das dores que fui me apoiando como muletas pra "parar em pé..."
E se eu me esvaziar...
Dos medos de situações que nunca aconteceram de verdade...

E se eu, esvaziada do que nunca fui, for então quebrada...

Se eu apresentar meus pedaços para o Universo
Pedaços meus, não anexos
Pedaços meus, não implantes impostos a mim que ao longo dos anos vem mostrando claramente que meu verdadeiro SER rejeita
Tipo, separando joio do trigo

Se, ao apresentar meus pedaços ao Universo, eu de repente passar a SER!

Esvaziar, quebrar para SER!
SER aquilo que Deus sonhou!

"Eu quero SER feliz agora"

E SE...

<u>Eu deixar tudo como está...</u>

E SE ...

<u>Eu pensar na vida e na morte...</u>
Medo da morte

Acaso ao falar de morte penso em Vida Eterna?
Viver eternamente na presença de Deus?
Jesus disse: "Eu vim para que todos tenham vida, vida em abundância" (João 10:10).
Podemos dizer que quando converso com Deus, ou rezo, experimento Vida?
Vida com gosto, vida saboreada, vida que renova em mim a esperança?
Se converso mais com Deus, andando pelas ruas, no trabalho, na alegria e na tristeza, então minha qualidade de vida aumenta?
Viver na companhia de Deus faz diferença?
Então por que tamanho medo da morte, se Deus promete Vida Eterna?
Por que desespero na doença se tenho Deus ao meu lado?
(Sem deixar de lado a saudade de quem amamos)

E se nos momentos de oração, nas minhas conversas com Deus, eu contar para Ele sobre as coisas boas, as coisas engraçadas
Se eu der boas risadas com Deus...

E se eu ficar mais íntima de Deus, o que posso ganhar?
Uma vida com sentido?

E SE...

<u>Eu colocar o Criador no mundo</u>...
Faz de conta que Ele existe...
Faz de conta que Deus existe...

Agora, de forma invertida:
Eu O coloco no mundo
Mostrarei para Ele a natureza...
Mostrarei os animais...
As plantas — hei, veja só, quanta variedade! Quanta beleza!
Tem frutas, flores...
E se eu mostrar as pessoas, semelhantes a mim...
Pessoas altas e baixas, gordinhas e magrinhas, moreninhas, loirinhas e amarelinhas...
Ah, e se eu falasse do talento que cada uma traz em si...
Se eu contasse uma piada para Ele e déssemos boas risadas...

(*Stop*! Pare! Feche os olhos e imagine a cena)

Será possível chegar perto do Criador? Chegar perto de Deus? Ser sua amiga?
Mostrar minhas máscaras para Ele...
Será possível imaginar que um dia estarei eternamente em Sua presença...
Será possível me imaginar parte do Universo, onde não haverá dor, medo ou tristeza...
Ainda consigo me imaginar feliz?

Que mundo eu criei?
Em quê tenho colocado minha confiança?
Minha esperança?

E SE...

<u>Eu amar...</u>
E se eu for aquilo que o Universo espera de mim...
E se eu for aquilo que Deus quer... me criou para ser.

E se... eu abrir minhas reservas. Se eu sair do armário...
E se... eu abrir meu coração e deixar o amor derramar...
A bondade transbordar...
Se eu me der um susto do tipo sair de casa sem máscara!
Se nesse susto eu me descobrir,
me desnudar e perceber que ainda me resta um lado bom
Eu valho a pena
Quero estar com esta pessoa que realmente sou
Tenho interesse nesse relacionamento

E SE...

<u>Eu arrumar minha cama...</u>
Sacudir o lençol e depois esticar... com o carinho que mereço... preparando-me para uma noite incrível...
Será que ao sacudir o lençol poderei jogar pelos ares a insônia e o pesadelo?
Será que meu eu entenderá que começo a crer que terei uma boa noite de sono?

E se... ao acordar eu me presentear com uma boa mensagem...
Uma música alegre...
Se eu me programar para o bem...

E se eu deixar de terceirizar meu bem-estar...

E SE...

Eu desejar o bem de alguém...
Desejar que sua vida seja plena, que tenha paz e saúde...
E se...
Eu me basear na lei do retorno...
Se eu me basear no cristianismo que diz para amar inclusive os inimigos...
Se eu me basear na física quântica, no filme da Disney — *SOUL* — que diz que o que faço e penso atinge meu semelhante, e vice-versa...

Ou me basear no meu bom senso...
Sim, se eu estiver cercada de pessoas equilibradas... é provável que lucrarei...

Como fazer isso?
Quantas renúncias...
Quantas mudanças de pensamentos...
Quebra de paradigmas...
E mais, o que dirão de mim?
Fiquei boba?
Deve ser o *lockdown*
Afinal, o erro foi de...
Tem que pagar pelo que fez

Mas, se eu pensar em renúncia...
Em dar espaço a bons sentimentos e pensamentos...
Eu saio ganhando
Tipo, purificada
Fala sério:
Ficou nobre meu gesto!
Saí bem na foto!

E SE...

<u>Eu permitir que o domingo, hoje, seja um dia de descanso...</u>
O que eu preciso colocar em repouso?
O que precisa ser pacificado em mim?
Ser silenciado...
Ser ouvido...
Ser agradecido...
Ser valorizado...
Meditado

"Bota roupa de domingo"
Santifica teu repouso...
Santifica tua mente...
Santifica tua alma...

E SE...

Hoje o mundo parasse para nos perguntarmos:

🎵🎶

"Como vai você? Eu preciso saber da sua vida
Peço alguém pra me contar sobre seu dia...
Como vai você?"[8]

E se hoje eu tirar tempo para ouvir sua voz e perguntar: que sonhos você ainda tem?
Hoje você sentiu o cheiro do café?
O pãozinho com manteiga tinha gosto?
Seus passos estão firmes?
Respiração tranquila?

---

8   "Como vai você?", Roberto Carlos.

E se hoje você convidar alguém para juntos olharem para o Universo — afinal de contas ele é grandão — cada um de sua janela, do seu quintal, no mesmo horário...
Ei, vamos ver o pôr do sol!
Vai ser demais

E SE...

Eu fizer uma playlist:

🎵

"Se um dia meu coração for consultado para saber se andou errado será difícil negar."

"Se eu pudesse conversar com sua alma eu diria fique calma, isso logo vai passar."

"Se as águas do mar da vida quiserem te afogar, segura na mão de Deus e vai."

"Se vier noite traiçoeira, se a cruz pesada for, Cristo estará contigo."

"... se me assento ou me levanto conheces meu pensamento. Quer deitado ou quer andando sabes todos os meus passos."

*"Se você no céu, conseguir entrar,
abre um buraquinho para eu passar."*

"Se acaso você chegasse, no meu chateau e encontrasse..."

*"... se eu perder esse trem que sai agora
às onze horas, só amanhã de manhã."*

*"... se você chegar fora de hora, não deixo
você desfilar no meu cordão."*

"Serenô, cai cai. Serenô, deixa cair. Serenô da madrugada..."

*"Se um pinguinho de chuva cai num pedacinho azul de papel,
num instante imagino uma linda gaivota voar no céu."*

♪♫

Imagine se...

E SE...

<u>Eu bendizer a Deus por ter me feito de forma tão maravilhosa...</u>
(Salmo 139:14)

Se eu agradecer ao Universo, expressando em forma de gratidão...

Gratidão pelos dias vividos
Gratidão pelos cuidados que tenho com minha saúde
Gratidão pela minha lucidez
Gratidão pelos amores que tive

Gratidão pelos amores que tenho
Gratidão pelas pessoas que passaram pela minha vida
Gratidão pelos erros e aprendizados
E se... eu agradecer por ser quem sou...
Pela história de vida que venho escrevendo...

E SE...

🎵

"Eu pudesse conversar com sua alma..."[9]

Eu diria, perdoe-se:
Pelas escolhas que fez
Pelas oportunidades que deixou passar
Pelos julgamentos
Pelas dores que causou a si mesmo
Pela confiança que depositou nas "pessoas erradas"
Por ter se calado
Por ter falado

🎵

"Calma, calma
Não se preocupe, tenha calma"

Deixe tudo isso passar.
Deixe o passado no passado.
Vista uma roupagem nova.
Não caia na armadilha de "suplicar pela vida",
Querer viver muitos mais dias e anos sem vírus
E ficar se maltratando.

---

[9] "Um refrão pra sua alma", Leandro Borges.

Vista uma "roupa leve"
Viva sem o vírus da autopunição.

E SE...

<u>Eu pensar nas inúmeras possibilidades</u>...
No que tenho ao meu alcance...
No que escapa entre meus dedos...
No quanto coloco minha liberdade em um cubículo
No quanto aprisiono minha arte
Como olho para meu umbigo
Quão pouco lanço olhar para a grandeza do Universo
A riqueza do Universo
As possibilidades...
Eu posso

E se eu arriscar falar novamente sobre religião:
O quanto me orgulho por ser crítico da religião,
Sabe...
É que na verdade olho MUITO para o comportamento das pessoas...
Que pobreza!
Olhe para o céu!
Olhe para a criação!
Olhe para o Universo!
Imagine Alguém...
Imagine ALguém... ALGuém... ALGUém... ALGUÉm... ALGUÉM...
Renda-se
Deixe surgir
Busque as coisas do alto
Eleve-se
Seja o que veio para SER
Busque a sua experiência
Fique com a sua experiência

E SE...

<u>Eu tiver muitos dias pra viver...</u>

E se eu tiver mais um ano...
Hummmmm, vou ser mais otimista:
Mais dez anos!
Quem vai me dizer que não?
Então farei tantas coisas...
Tantas outras, farei diferente do que sempre fiz...
Posso até imaginar...

Ok, vírus, você ainda não me venceu, pode ser até que a gente não se encontre
... e enquanto seu lobo não vem...
Vou tocar campainha nas casas e sair correndo
Cantar bem alto para escandalizar os vizinhos
Cair na gandaia
Dar gargalhadas
Usar pé de sapato trocado
Fazer *"vira, vira, virouuu"*
Vestir roupa de festa e dançar na sala de casa

Posso até reinventar
Tipo, fazer coisas diferentes das que fiz ano passado
Ser otimista
Viver os dias

"Como será o amanhã?
Responda quem puder
O que irá me acontecer?"

E se eu tomar as rédeas dos meus dias...
E se eu me decidir por acordar cada dia com esperança...
Desenvolver a vacina da esperança,

Acreditar
E tomar...

Não espere mais!

E SE...

Eu fizer uma revisão da minha maternidade... (ou paternidade)
Mãe que pensa no TESOURO (filho) que tem em suas mãossss...
... e a partir daí me preocupar em lapidar meus toques e palavras...

Mãe que pensa na palavrinha "Não"
Que, ao dizer um Não, eu seja a primeira a entender que é para o bem do meu Tesouro...
— Não terá isso porque não é necessário!
Que cada vez menos meu Não seja por irritação ou cansaço
Mãe que olha devagar para seu Tesouro, aprecia e procura entender quais são suas necessidades...
Mãe que talvez esteja precisando — e sempre é tempo — ser coerente
Precisarei exercitar a coerência com meu Tesouro e comigo mesma
Estarei sendo uma pessoa melhor

Se eu fizer isso com suavidade...
Poderá ser uma outra gravidez: vou gestando e "fazendo ultrassom" para verificar a evolução...
Estarei "gestando" um filho nobre, um Tesouro...
Se eu me permitir tentar...
Se eu der os primeiros passos...

Posso tirar proveito da Pandemia (2020/2022) e repensar meu Sim e meu Não
Repensar amor e educação

Parece que o mundo está precisando de pessoas melhores
E se eu entrar na fila?
Ou
Puxar a fila?
Fila dos que pensam em suas escolhas

E SE...

<u>Eu encarar a vida de frente...</u>
A vida acontecendo DEBAIXO DO SOL
Vida, tipo razão
Com olhar pragmático
Frio
Que sentido tem a vida?

(Que falta de originalidade!)

Voltando a olhar pra vida
Que sentido EU DOU PARA A VIDA?
O que faço para que seja valiosa?
Para que tenha sabor...
Para que desperte, em mim, amor...

E mais uma vez
Olhar para a vida, porém mirando o telescópio ALÉM-SOL, acima do sol
Percorrendo o Universo
Buscando o olhar do Criador
Colocando de lado pressupostos e rancor

Hei, hei
Decidi que me importo com seu olhar
Daí de cima,
Como vê o todo?
Vê o passado e o presente?

Vislumbra o futuro?
Ando querendo sentir a vida
Ando querendo fazer conexão

Ousei ocupar o teu lugar
Criei expectativas
Levantei barreiras
Me isolei

Parece que
Re-começar pode ser uma boa pedida

Veja minha carteirinha:
Tomei vacina e ivermectina
Ok?

O INVERSO DO UNIVERSO

Hoje pego meu verso e conto prosa de fatos
que insisto (não mais) ser antigo e demodê
Vou repaginar

Desce da cruz, Jesus
Vou Te ajudar
Estou juntando todos os esforços físicos, intelectuais e espirituais
para tirar os pregos de Tuas mãos
Como sangram!
Como deve ter doído!
Ainda dói?
Valeu a pena?
Sei que sim, Você nunca faz nada em vão

Venha, vamos Te colocar na Terra, ela é fértil
Se tivesse uma árvore mais pertinho, eu Te colocaria sob a sombra dela

e até Te ajudaria a abraçá-la
Mas eu Te abraço
Tenho comigo óleos essenciais e passarei nos Teus ferimentos
Vai ser bom
Como os Teus olhos são lindos, Jesus!
Descanse um pouco
Um pouco de água benta para matar Tua sede, Te fará bem
Vamos nos aquietar
Apenas ouvir o vento e o canto dos passarinhos
Repouse

Olá,
Veja o que preparei
Chá de alecrim com óleo de coco
Precisa se hidratar

Jesus, Tuas Palavras ficaram gravadas em mim
Por isso estou aqui
Sei em Quem coloquei minha confiança!
Jesus, já podemos caminhar?
Vamos ver juntos os detalhes do Universo
Vamos ver o campo quântico dos nossos irmãos
Vamos dar o colorido adequado

♪♫

*"Se um pinguinho de tinta (Sangue)
cai num pedacinho azul do papel (céu)
num instante imagino uma
linda gaivota voar no céu".*[10]

---

10 "Aquarela", Toquinho.

Vamos juntos
Não mais solitário
Não mais com meu ponto de vista

♪♫

"Eu quero amar
Eu quero ser
Aquilo que Deus quer
Sozinho eu não posso mais
Sozinho eu não posso mais".[11]

BOM DIA!

"Sê sensato, escolhe vida!" (Deuteronômio 30:19)

Diante da possibilidade de viver o dia de hoje, escolhe a vida!
Diante do sol que brilha, escolhe a vida!
Diante das tuas possibilidades, escolhe a vida!
Diante da tua realidade — bem assim:
— O que tens para hoje?
— "Cinco pães e dois peixes"?
Com o que tiveres em mãos, escolhe a vida!

Por um momento mire, foque no que tens hoje
O dia de hoje
As pessoas que estão ao teu lado
Teu ganha pão
Tua saúde
Tuas dores
Amores
Desamores

---

[11] "Vem Espírito", Nelsinho Corrêa.

Sonhos
Por um momento
Escolhe um sonho e sonhe 3D,
Colorido, com som
Põe vida neste sonho

Sê sensato, sonhe a vida!
Viva a vida!
Curta a vida! Não encurta!
Viva o dia de hoje!
Não deixe que este dia
Termine sem ser vivido!

Ao olhar para você
Quem olhar para você
Por perceber vida
Por perceber amor
Deseje seguir vivendo,
Amando, vivendo, amando

VIVIDA

A vida É eterna
A vida É
A vida eternizada — vida vivida
A vida vivida de viver
De ver
De ser

A vida não é um será se...
A vida é para SER
Sou quando vivo
Vida vivida
Vida avivada

Via a vida
Não a vivia
Então, vida admirada
Admirada de um mirante
Vida, não vivida
Apenas apreciada
Como obra de arte

E é obra de arte
Mas, para ser vivida
Não apenas apreciada

Não planejada para quando
Mas vivida
Ávida por Ser
Experienciada
Percebida
Constatada
Carimbada

Eternizar a vida
Viver o hoje
Hoje que se estende
Que vitaliza o amanhã
Agora e sempre

Viva eu
Eu, viva!
Eu vivo
Estarei vivo por ter vivido
Palmas para a vida
Palmas para mim que ousei viver

QUANDO ESCREVO

Juntando letras
Juntando palavras
Juntando conversas
Palavras rebuscadas, não
Multiplicar palavras, também não
Olhar devagar
Objetividade
E as palavras brotam
Precisam sair de mim
Entram em mim através de conversas corriqueiras e precisam ser escritas
Ai de mim se abortá-las
Escrevo falando com um leitor específico, olho no olho
O leitor específico pode até ter um nome e endereço, mas também poderá ser alguém que nunca saberei quem é
De qualquer forma, fixarei meu olhar no seu olhar com intuito de falar-lhe ao coração
Quando encontro alguém que faz o mesmo comigo, quero dizer, que me fala ao coração, que entendo a mensagem, por um tempo fico apaixonada pelo meu locutor
Vejo como missão este meu jeito de escrever
Não é que eu queira, embora goste, mas preciso comunicar o que remexe em mim
É urgente
Por conta dessa urgência, já me antecipei e fiquei com cara de tacho
Nunca me importei, só Deus sabe o que fervilha aqui dentro

Sobrevivi às dores e alegrias
Se dói, escrevo para avisar meu leitor que dá pra aguentar, que sobreviveremos
Se a alegria me invade, ah, venha cantar e dançar comigo! *A vida é bela!*

Escrevendo, falo com o Criador sobre as bobagens que fazemos por aqui, e, nesse caso, desejo que este diálogo se revele como algo simples de fazer. É só começar

Quando penso que os que estão mais próximos de mim não terão paciência para me ouvir, me delicio escrevendo para eles

Deixo bilhetes, mando WhatsApp, organizo livretos — mas escrevo

♪♫

"Quando eu soltar a minha voz, por favor, entenda que palavra por palavra eis aqui uma pessoa se entregando".[12]

O COACHING AOS SESSENTA ANOS

Aconteceu dando cor, forma, brilho, perfume e melodia em algo que era chamado de vida.
Eu estava na vida, sem atuar.
Hoje penso que estava dando tempo para o tempo passar e, de preferência, acabar logo.
O resultado que venho obtendo com minha *coach* de desenvolvimento pessoal, Gressiqueli Chiachio, é de celebração diária da vida.
Celebrei meus sessenta anos com vida.
Vida em abundância!
Nunca havia me sentido tão viva.
O *coaching* me apresentou ao meu propósito no Universo e me direcionou a algo ímpar, algo que me pertence, algo intransferível, que é viver as emoções.

---

12 "Sangrando", Diogo Nogueira.

Li, logo escrevi[13]

SETEMBRO DE 2023

"Quando crianças, esperamos pelo aniversário, pelas festas de Natal e Ano-Novo e pelas férias."

Quando ela se referiu às experiências na infância, adolescência e fase adulta, voltei no tempo.
Pensei. Li, logo escrevi.
Ao longo da minha vida, eu não esperei com ansiedade pelas minhas festas de aniversário ou Natal.
Nem ansiei por primeiro beijo, relação sexual, casamento, filhos, minha casa ou viagens.
Na verdade, dei o meu melhor, mas fiz aparições nesses eventos.
Fui atrás, li o *script* e atuei por não saber para onde ir.
Quando deveria pensar em estudar para conquistar um diploma, uma profissão, praticar esportes, as portas se fecharam, assim, me apoiei nas leituras e músicas, travando embate com o pensamento acelerado e o tempo que restava, e foi então que eu busquei brechas.

Sem compreender, os pensamentos jorravam sem piedade.
Se for para afirmar, esperei, sim, pelo Encontro com o meu Criador.
O Universo haveria de ter uma carta na manga para dar sentido a tanta energia, ideias e criatividade.
Na espera velada do Encontro com meu Criador, esperava por mim mesma.
Ansiava por esse Encontro e isso sempre me moveu, ainda que inconscientemente.
Desejava me encontrar/desdobrar.

---

[13] No livro da Dra. Ana Beatriz Barbosa, *Felicidade*. São Paulo: Globo S.A., 2022, p. 21.

Ainda não tinha a escrita como forma de respiro.
Apenas esboçava uns rabiscos,
O Encontro das Ideias, caneta e papel de forma efetiva e vital foi mais tarde.
E quando tivemos nosso primeiro Encontro, meu Criador e eu, tornei público.
Publiquei os rabiscos, escritos, anotações, pensamentos e ideias que fervilhavam dentro de mim.
E mais tarde marquei encontros em aeroportos e terras visitadas na companhia do meu Criador.
Ele me acolheria em outros cenários, aqui, lá e acolá?
De Dubai a Ushuaia
Israel a Paris
Atenas a Vevey
Ruas de Barcelona, Madri, Lisboa, Óbidos, Assis
Sim, nos encontramos e foi o que tinha que ser, incrível!

Foi ímpar
Singular
Como acontece quando Sou,
assim
Como Ele É

Nunca me desconectei do momento presente
Fiz-me presente, mas minha alma não estava de fato ali
Era mais
Era meu
Era único

Tive expectativas, sofrimentos, angústias
Não era exatamente ali
Não era aquilo
O que seria?
E é estranho se ver diferente
É escuro não se ver

Dores e personas em dobro

Fibromialgia?

~~~

para Esvaziar, Quebrar e Ser

Foi mediante a dor

2020

Foi mediante a dor que mudei meus hábitos
    Foi especialmente mediante o diagnóstico de fibromialgia que me encarei e passei a identificar situações que me levaram à dor, que pareciam vir a galope para me paralisar. Soube, enfim, como virar a chave!

    As dores vinham de longa data
    As dores receberam vários nomes e foram amenizadas com outros tantos medicamentos, chás, terapias etc. e tal.

    E um dia recebeu um nome: fibromialgia sem cura
    Só que não aceitei
    Não engoli mais essa
    Já tinha sapo demais entalado na garganta
    Apenas dei um tempo pra ela
    Ela se nomeou, e eu tratei de encará-la e comecei a driblá-la
    Repouso e exercícios
    Terapia e medicação, massagem e dança
    Eeeee mudança radical na alimentação
    Eureka!

    Sem açúcar
    Sem farinha branca
    Sem laticínios
    Sem conservantes
    Sem corantes

    Meu corpo foi agradecendo
    O intestino foi revitalizado, já que a antiga alimentação, como explicou a nutricionista, plastificava o intestino e os remédios, nutrientes e vitaminas não eram absorvidos.

Santa ignorância!
Mas deu tempo (de esvaziar, quebrar e SER)
De me conhecer
De me respeitar
De me cuidar
Mudando a alimentação
Com direito a sono reparador
Simples assim
Deixando de desembrulhar as comidas
Passando a descascar os alimentos
Mais natural

O mais curioso nisso é o espanto das pessoas quando veem no meu prato comidas naturais, sementes e grãos, e não mais doces, enlatados e empacotados.
Eu virei extraterrestre quando fiquei mais natural e sem dores.
Foi mediante a dor que deixei o açúcar,
os produtos alimentícios chamados de comida,
os inúmeros remédios que pouco valiam,
E fiquei estranha.
Pode isso?

Parei um pouquinho pra ouvir "Oração pela messe", do Padre Zezinho:

"Poucos os operários, poucos trabalhadores
E a fome do povo aumenta mais e mais
Ouve essa nossa prece
És o Senhor da messe
Põe sangue novo na veia da tua igreja
(...) Falta esse jeito novo de levar luz e de profetizar
De levar luz e falar de Jesus".

Falta esse jeito novo de falar do óbvio
De levar luz onde já não se vê as formas e os contornos, apenas vultos
Tudo muito bem embalado

As dores e as delícias do que morre para que haja vida

2020

Não me peça para ser pessimista
Não me peça para perder a esperança
Não tente me convencer de que é utopia
Eu vi
Eu experimentei
Eu sinto
Meu Criador me mostra que *A vida é bela*, e eu não saio deste jogo por nada

"Aprendi a viver na fartura e na pobreza. Tudo posso naquele que me fortalece." (Filipenses 4:11-13)

"Minha alma é serena por natureza" (Salmo 114:7)

07/01/2020

Então por que tanta agitação?
"Por que te deprimes dentro de mim?" (Salmo 41:6)
Por que insistes em dar voltas? Volta! Volta! Volta!
Sem rodopios, por obséquio.
Reconheça tua natureza e deixa de orgulho.

Vê quem te criou? Nada menos que o Todo-Poderoso, o Criador do Universo.
Deixa de gira-gira, dá rumo à tua existência!
Antes que ela se vá, a paciência — dá rumo à tua essência! Dê meia-volta, volta e meia e re-sinta aquela brisa que já nem crias mais existir, a brisa da serenidade...

Aquiete aquiete aquiete
Sinta sinta sinta
Permita
Acalenta-te.
Aceite o que é teu por direito
Permita
Volta...
Volta...
Pega de volta.
Se ainda resta dúvida, olhe, pois, para a paciência, suplique por clemência, e vá voltando à tua essência.
Pega de volta. Pega tua alma e juntamente com ela, de mãos dadas, comecem a sussurrar: voltemos à nossa serenidade, voltemos à nossa serenidade, à nossa unidade.

Enxaqueca por vinte anos — um contrato feito com a loucura.
Ou, quem sabe, "algo mandado" por loucos?
Mas o Criador me deu a pista: "Sem mim nada podeis fazer".
(João 15:5)
Ok, agarro-me a Ti.
Sim, minha força vem do alto e o que vem para me destruir é "café pequeno".
Foi dada uma trégua de dor física e a fibromialgia se manifestou depois de uns anos.

#DESDOBRAR

Ontem à noite...

27/02/2020

...quando me deitei eu estava bem.

Acordei com o despertador.

Meu intestino funcionou, graças a Deus!

Tomei café e fui à Missa. Na Missa, comecei a sentir dores pelo corpo (fibromialgia); tirei o casaco e foi piorando. Foi difícil chegar em casa para tomar um relaxante muscular e me deitar.

Agora tenho que dar o tempo do remédio agir.

Cada pedaço de mim dói.

Vai passar.

Hoje acordei...

29/02/2020

...com um pouco de dor, foi aumentando e minha pressão caiu.

Na madrugada

18/03/2020 – 10h45

Com dores pelo corpo e inúmeras mensagens de "pânico" enviadas pelo celular (as pessoas estão mais agressivas que o vírus, que o corona), enfim entrei em oração.

Hora de buscar as coisas do alto.

Senhor, fala comigo, usa-me como Seu instrumento como fizera outrora.

E esperei como se fosse um canal especial do Universo, coisa exclusiva.

De vez em quando tenho essa mania.

Quem sabe escrevendo não dou ibope para a dor e ela vai embora...

Fiz poucas anotações, quase nada.

Pela manhã, diante da manchete do jornal, abri minha boca. Uffff.

Mas muito rapidamente senti me calarem e dizerem: acorda que o mundo está pra acabar.

E assim estou reunida com o restinho da humanidade esperando pelo fim.

É o fim de quê?

Tô calada.

Hoje ao acordar...

19/03/2020

...fiquei a pensar até quando conseguirei me movimentar na cama. Dor generalizada e limitante.

Começo a tomar hoje os suplementos que já tenho em casa, passados pela nutricionista. Irei chamá-los de antioxidantes. São para limpar meu organismo. Deus seja louvado.

Ontem à noite...

22/03/2020

...resolvi substituir o relaxante muscular por analgésico. Venho tomando por dois meses, de duas a três vezes por dia.

A substituição ainda não revelou nada, porém meus rins devem agradecer.

Ontem à noite pesquisei mais um pouco e também ontem, depois de muito tempo, assisti à missa na TV e ao Grupo de oração com a Geisa (mulher ungida) — essa soma me conduziu a um início de aceitação da fibromialgia, pelo menos para deixar de me vitimizar.

Dói, e essa dor tem um período a ser percorrido, pouco pode ser feito, exceto me exercitar e aceitar os limites.

Meu corpo começa a doer, normalmente, no fim do dia.

Durmo fácil, durmo bem, e acordo umas duas vezes para fazer xixi; nessa hora, começam as dores intensas: dificuldade para me virar na cama, para sair da cama, para caminhar até o banheiro. Volto a dormir fácil.

Pela manhã sou despertada como uma inválida, preciso acreditar que sou capaz de me mover e caminhar.

O tempo é meu aliado.

Minhas mãos doem absurdamente, ombro, pescoço, quadril — dificuldade de locomoção.

As atividades que realizo acabam sendo as que não exigem raciocínio; as demais até executo, mas em caráter de urgência — e daí consumo muita energia e me dá fadiga.

Hoje a dor...

23/03/2020

...me acordou e me pôs quase imóvel. Pressão arterial 8x5.

Preciso tomar meus braços pelas mãos e minhas mãos pedem ajuda.

Tudo parece ter sido esmagado durante a noite.

Dói e quase me imobiliza. Vai passar.

Hoje fiz alongamento...

25/03/2020

...e automassagem como nunca tinha feito.
Fiz mesmo com dor.
Acreditei que daria resultado satisfatório.
Já faz uma hora e parece que não alongo há muito tempo.
Curioso isso.

Estou mais animada

27/03/2020

Estou escrevendo e mexi o esqueleto numa aula de dança on-line com o Brener; dessa forma, não dou atenção à dor.
A inspiração está no ar que respiro.
Estou conseguindo alongar, caminhar, dançar.
Vai melhorar, está melhorando.

Semana passada...

04/04/2020

...tive uma melhora. Nos últimos dois dias minhas mãos doeram sem trégua, parecem inflamadas.
Quanto ao ombro e ao braço, estou convencida de que seja tendinite, então estou cuidando como se fosse.
Ontem curti dores, montei quebra-cabeça. Tenho lido noticiários.
Recebemos algumas visitinhas agradáveis. Sinto-me inflamada.

A faxineira quebrou o dedo da mão, seja feita a Vossa vontade. A dor me assalta quando desperto pela manhã.

Estou me desmanchando...

12/04/2020

...em dores, não sei onde pegar a ponta dessa dor, não suporto mais. Misericórdia, Senhor.

Tá doendo

19/04/2020

Doem as ancas. Doem as mãos.

E por isso, não por causa do coronavírus, respiro com dificuldade, porque dói.

Fadiga. Tudo passa. Vai passar.

Quero testemunhar que a vida é bela, que faz sentido com Jesus.

Acho que o motor...

20/04/2020

...(meu corpo) precisa ser aquecido quando acordo pela manhã com pequenos movimentos dentro de casa. Ficar na cama esperando melhorar não funciona.

Meus olhos ficaram pesados o dia todo, solidarizaram-se com as dores. Quiseram entristecer-se.

A dor de viver

23/04/2020

Dói viver
   Quantos músculos, tendões, ligamentos, comandos...
   Quanta perfeição!
   Quanta distração...
   Tudo tão bem coordenado, tão bem pensado
   E quando foi que eu pensei nisto?
   Obrigação do acaso?
   Acaso eu precisava pensar no que foi pensado ao ser tão bem calculado cada pedaço do meu corpo, do meu viver?
   Um dia meu corpo doeu e eu dei-lhe pouca atenção, quiçá uma automedicação
   Depois veio outra e mais outra dor
   Foram tantos anos de dores
   Até querer tomar conta e determinar que não daria mais conta disso, daquilo e daquilo e daquilo outro também.
   Não!
   Vou cantar:

♪♫

"Não, não há mal que me possa vencer
Deus é maior que tudo que me acontece
Deus é grande, Supremo Rei
Pois tudo posso Naquele que me fortalece".[14]

   Naquele que me envivece
   Naquele a quem dirijo prece

---
14 "Deus é maior", Flavinho.

> *"Se as águas do mar da vida quiserem te sufocar,*
> *Segura na mão de Deus e vai".*[15]

Vai e lembra-te de Quem te deu a vida
Lembra o que importa.

Tô cansada de não projetar

28/04/2020

Cansada de ficar aqui enquanto seu lobo não vem
Cansada de dor
De flertar com a paciência a todo instante para não perdê-la de vista
Eu sonhava
Viajava
Olhava para frente
Agora faço compras
Espero
Mas já me pego esperando sem esperança
Isso não tem graça
Se durmo, dói
Dói, então não caminho
Monto quebra-cabeça, dói
Rezar me reorienta
Devia rezar mais
Devia
Mas ando devendo

---

15 "Se as águas do mar da vida", Harpa Cristã.

Onde dói em você?
Eu preciso saber da sua vida
Eu preciso saber de outra vida.

"Olhar devagar para as pessoas" (Pe. Fábio de Melo)

10/05/2020

Devagar, com amor, sem julgar
Olhar e deixar caminhar,
Deixar que também se olhem pela sua própria ótica
Sem tantos conselhos
Sem cobrança nenhuma
Sem exigência
Olhar devagar apenas com a pretensão de sondar o que há de melhor ali.

Dói tanto que...

11/05/2020

...já não penso. Acordei e me deparei com um bloco de cimento, era meu corpo. Fiquei sem movimento e, ao tentar qualquer ação, senti uma dor paralisante. Tive que achar uma forma de sair desse cenário e fazer xixi. Que luta. Parecia nunca mais acabar a tarefa: gemer, tirar a roupa, gemer, abaixar, gemer, calcular o retorno do meu corpo para ficar mais ou menos ereto, gemer, arrastar os pés e avisar para meu corpo que deveria se acomodar na cama. Quanto desafio. Chorar de dor. Até quando?

Comecei o tratamento...

12/05/2020

...da reumatologista — passo a tomar medicação orientada por ela.

Amanheci sem cansaço.

O clima mudou, esfriou.

A dor que sinto não é limitante, diria que é reumática, doem os nervos e os ligamentos.

Fiz alongamento antes de dormir e ao acordar.

São dez horas e o remédio da manhã ainda não fez efeito.

O banho quente ajudou. Sem fadiga, "dores reumáticas" nos braços e nas mãos.

Abra-se ao mundo!

21/05/2020

Não abrace a dor do mundo!

...mas se você já espichou seus braços entrelaçando "metade do mundo"... tome seus braços num abraço, dê a mão às suas mãos — faça gestos delicados, sem pressa, sem força, sem esforço — apenas delicadeza.

Reúna o que foi destroçado, acaricie as fibras doídas, vá colocando a dor para adormecer até chegar o momento de despedi-la.

É tempo de delicadeza.

...contorcionista para viver

Ser um apêndice de alguém (parte acessória de um órgão)

Hoje caminhei bastante, me senti tão bem que nem parecia que tinha ficado tanto tempo parada e até "imobilizada".

Bendito seja Deus.

Peguei um livro pra ler. Estou atenta e parece que me permito, nesse momento, viajar na leitura sem pretensão de produzir. Sem dar satisfação de "estou fazendo algo".

Que loucura!

Dói. Vá!

26/05/2020

— Meu Deus, tá doendo.
— Vá! Anuncia-me!
Eu cuido da sua dor.
Vamos soltando cada amarra, cada esforço feito na solidão e, enquanto realizamos sua libertação, vá!
"Mostre ao mundo o que o Pai já lhe mostrou, te mostra a todo instante. Vá!"
(Deus não é um desocupado que coloca marionetes
É um apaixonado que criou a criatura à sua imagem e semelhança com um propósito.)

Hoje eu vivi o...

26/09/2020

...presente, fui absorvendo as horas
Vivendo, sentindo — detalhe: sem ansiedade.
O pescoço (trigêmeo) não se manifestou, a boca não secou, não tremi.
É tão interessante ir me aproximando de mim e ao mesmo tempo entender que sou eu, sou essa — algumas vezes, parece que está acontecendo algo errado...

Muito curioso.
"Volta minh'alma à tua serenidade, pois o Senhor foi bom para contigo." (Salmo 41:6)
"Minha alma é serena por natureza." (Salmo 114:7)

Como tenho driblado a fibromialgia:
Coach de desenvolvimento pessoal
Quiropraxia
Massagem
Orientação da reumatologista
Caminhada
Pilates

"Você sabe de onde eu venho?"[16]

17/02/2021

Venho de uma família
Família que deu seu melhor
Venho de uma família em que dou o meu melhor
Venho de uma família que me acolheu quando mais precisei

Venho de uma igreja que teve paciência em ver meu crescimento

Venho do Universo que nunca me excluiu
Venho do pó e me aventuro nesta poeira que se mistura no outro e não tem intenção de roubar minha essência

---

16 "Canção do expedicionário", Força Expedicionária Brasileira.

Venho de onde há vida
De onde a vida é plena
Venho, vou, volto
Enquanto o Criador não permite que eu me esqueça de onde vim e para onde voltarei.

Venho da escrita, da poesia, do olhar atento

Venho no formato: filha, irmã, mãe, avó, escritora, amiga

"Por mais terras que eu percorra não permita Deus..."

Que o que atravessa meu caminho:
A dor
O medo
A insegurança
Me viralizem
Me asfixiem
Me distraiam

Uma menina, a dos olhos

26/03/2021

Olhei para ela, atravessei seu olhar e vi a dor da alma.
Doeu em mim.
Doeu ver a menina dos olhos, uma menina, uma pupila, com tamanha dor.
Suas lágrimas contidas por anos escorreram pela minha face e alojaram-se em meu coração.
A "menina" deu espaço para a luz clarear minhas emoções — é verdade, tem dor alojada, dor doída, dor de ver o que não queria, mas há vida!

Vida, possibilidade!
Pegue a luz, pegue e aponte para frente, para fora, fora da caverna.
Deixe a íris contrair e relaxar, deixe que ela se movimente, deixe que ela tenha vida, deixe passar a luz.
Sim, tem dor contida, mas tem um vale de lágrimas para lavar a menina e deixá-la crescer, deixá-la ver a luz, ser luz, iluminar.

Generosidade

03/07/2021

Preciso ser mais generosa com meu corpo.
    Hoje, mais um dia frio.
    Meu corpo sente e já desperta enrolado e com as juntas sem lubrificação.
    Daí o melhor é me levantar e colocá-lo em movimento.
    Conforme vou trocando os passos, melhoro de modo suave.
    Quase sem perceber.
    E de repente estou bem.
    Ou não.
    Melhoro, mas preciso de muita água para hidratá-lo e ele agradece.
    Hoje, quando achei que estava bem, comecei a organizar a cozinha, lavar louça (pratas e porcelanas).
    Nem foi muita coisa
    Mas, sem perceber, passei do meu limite.
    Quando me sentei (foi aí que senti), estava impotente.
    Sem bateria.
    Sem gasolina.
    E a dor é diferente.

Dói e me devolve pra cama sem a menor possibilidade de ação.

Se porventura alguém me fizer uma solicitação nesta hora, encontrará a pessoa mais mal-humorada do Universo.

Remédio, cama e muita hidratação devem resolver.

Quando passa, passa.

Meu corpo precisa de espaçamento entre as ações:
Ficar deitada (a carne dói)
De pé
Sentada

Caminhar lentamente num shopping traz um resultado ruim.

Caminhadas curtas e pilates, meu corpo agradece.
Passei o dia com meia elástica.

Hoje acordei bem

04/07/2021

Fiz alongamento, o intestino funcionou.

Comi ovo.

Quando me sentei para tomar café, senti uma descarga pela minha espinha encerrando com um peso no meu quadril.

É uma sensação muito antiga e segue um cansaço que precisa ser respeitado.

Vou tomando meu café e dando o tempo que meu corpo precisa.

Tomei Novalgina.

Já faz uma hora e meia, decidi ir caminhando até a farmácia da esquina e parece que trabalhei a noite toda e está na hora de um bom repouso.

Peso no quadril, nas pernas, fadiga.

Ok, vamos hidratar mais e descansar.

Universo amigo, por que comigo?

04/07/2021

Aconteceu assim.

Conheço parte da minha história, parte que minha lembrança suporta, parte contada pelas partes envolvidas comigo.

Mas, de verdade, na verdade não posso afirmar como comecei. Só arrisco dizer que Deus sonhou comigo!

Mas vitimizei minha personagem, acusei coadjuvantes, rezei e me perdoei (ao menos pensei que sim), perdoei a humanidade (foi legal, mas não foi total).

E já não suportando as dores contidas em minha caminhada, enlouquecendo e me arrastando, mesmo vendo evolução constante, as dores do corpo e da alma me anestesiavam e as superações ficavam anuviadas.

E, como uma massa foleada, tipo mil folhas, minhas páginas foram organizadas.

Mil folhas... escrevi mil folhas e, quando pensava estar no epílogo, ao olhar no espelho, a máscara caiu — para mim, e Deus, lá do céu, sorriu e fomos imagem.

Imagem e semelhança. Criador e criatura.

Então, já não era o epílogo e sim o começo, a história para ser de verdade.

70 vezes 7 – sempre

Perdoar sempre, ser lapidado sempre, até reassumir a imagem original. Que santa loucura!

Minha alma tem sede de Deus
Minha alma tem sede de ser
De... se reencontrar

Por isso não desisti
"Agora eu sei que Tu és a vida, nunca mais eu irei te deixar".[17]

Realmente gosto de
ler
escrever
estudar
comida caseira
viajar

Me acostumei a ir
ao shopping e futricar
supermercado várias vezes na semana

Preciso de esforço para
caminhar (hoje sinto dor)
tomar sol (relaxo)
ouvir conversa fiada

Quero aprender a
apreciar a natureza
meditar
ioga

Sempre soube apenas o que não queria, é que meu propósito estava distante demais.

---

17   "Tu és vida", Jonas Abib.

TDAH, eu?

∽

para **Esvaziar,
Quebrar e Ser**

Foco

03/09/2022

Nesse momento saio de mim para me expiar e ver
EU x FOCO
— "tenho um maestro desorganizado"
— excesso de pensamentos
— excesso de impulso
— acredito piamente na minha ideia (do momento), vejo como incrível e que não pode ficar oculta
— algumas vezes, dou início ao projeto da ideia fantástica e vou até o fim como um carrinho descendo a ladeira e vem uma ideia atrás da outra e todas se encaixando
— outras vezes, o projeto para no meio do caminho e literalmente cai no esquecimento
— a exaustão me acompanha muitas vezes

— sou apaixonada pelas minhas ideias criativas:
Meus textos são escritos em QUALQUER LUGAR ✓
Livros, livrinhos, livretos ✓
Festa de sessenta anos ✓
Viagens ✓
Solução de problemas no cotidiano ✓

Uma definição que vi faz muito sentido:
"Pareço uma fraude!"
Ao mesmo tempo que tenho ideias e atos incríveis, sou desatenta
Num momento posso estar diante de um noticiário importante e não ver nada
E
Uma frase solta vira uma orientação para sobreviver a uma guerra
Hiperfoco
Exaustão

Preciso fazer nada
Criatividade a mil
Resultados obtidos mais por intuição do que por conhecimento.

Imagine...

23/09/2022

Ter feito a experiência de Deus vivo
   Ter dentro de você (na mente) a Bíblia transcrita de forma objetiva e assertiva.
   E cada vez que se dispõe a tocar a caneta no papel vê brotar um recado para a humanidade que a levará à evolução.
   Nesse momento se apresenta como verdade absoluta
   E você...
   Por diversos motivos acaba fazendo isso a conta-gotas
   Não consegue pedir ajuda para divulgar de modo eficiente
   Então...

   Nos momentos "conta-gotas" fico enlouquecida por postar do jeito que der certo, pra quem for possível

   Uffff
   (já acabou?)

   Universo,
   OBRIGADA
   por contar essa historinha pra mim
   Nem eu me entendia
   Sinto vontade de chorar e me abraçar

   É que
   Eu vejo roupas encantadoras nas lojas
   Faz todo sentido serem minhas.

Tenho ideias brilhantes o tempo todo

Me sentia tão ET (Extraterrestre)
Achava as pessoas tão distantes

Não suporto festas seguidas, por longas horas
Tipo, não vai acontecer nada de novo

Ontem, quando pensei em organizar fotos minhas dentro de um balão para postar
E CONSEGUI
me expressar e pedir ajuda pra minha neta Lavínia
e ela
ME ENTENDEU...
imediatamente postei!

Mas
Agora, respiro
Levanto um louvor
Faço minha ação de graças
Sem palavras pra agradecer

Certo dia liguei para o padre:
Por favor me atenda em confissão por telefone.
Não.
Que pessoa insensível! Tinha que ser naquela hora. Deus sabia (faz vinte anos)

Sou um quebra-cabeça
Sessenta anos para eu me entender
Mas tá tudo bem
Hoje reconheço as peças do quebra-cabeça
Pego os potinhos e separo as peças por cores
Bendito seja Deus!

GPS
Sessenta anos rodando pelo Universo
Enfim o GPS disse:
Destino de Marise ✓
Cheguei no meu endereço ✓

Agora

Entrar em casa

E começar a habitar esse novo lugar
Onde sempre estive
E não me encaixava

Lar doce lar ✓

Já é noite – Meu Deus,

23/11/2022

me deixei levar pelas informações sobre TDAH e esqueci que Tu cuidas de mim.
    No primeiro momento
    Fiquei pessimista
    Crítica
    Ansiosa
    Orgulhosa

"Não me deixe desistir, não me deixe voltar atrás".[18]

Me põe pra dormir
Desejo seus cuidados
Hoje me cansei, lutei sozinha.
Bença, Pai.

---

[18] "Água da vida", Eliana Ribeiro.

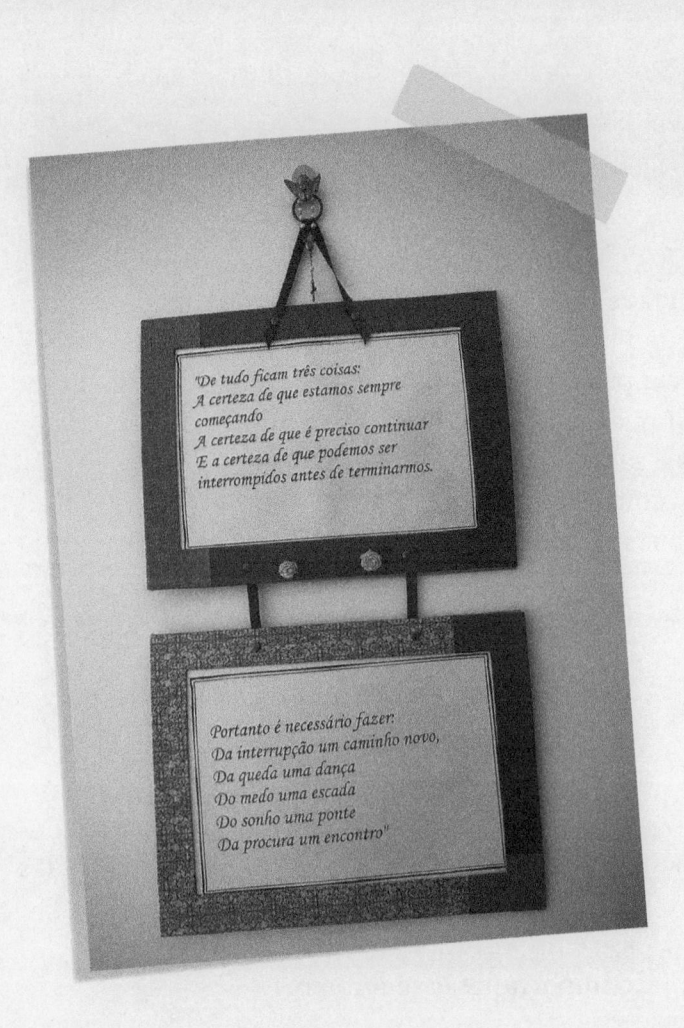

"De tudo ficam três coisas:
A certeza de que estamos sempre começando
A certeza de que é preciso continuar
E a certeza de que podemos ser interrompidos antes de terminarmos.

Portanto é necessário fazer:
Da interrupção um caminho novo,
Da queda uma dança
Do medo uma escada
Do sonho uma ponte
Da procura um encontro"

O quadrinho das certezas ou dos absurdos?
Li essa reflexão numa parede, ela me seduziu e fiz esse quadrinho.
Apenas bonito, foi o que pensei na época.
Daí a pensar em queda-recomeço, havia um abismo. Como assim, recomeço sem ser protagonista do meu presente?
Diante de tanto desgaste em elaborar um Hoje...
Imaginar ser Interrompida e Re-começar...
Mas, ao Continuar... ao fazer da Interrupção um Caminho Novo, as possibilidades surgem
É uma questão de pôr-se a caminho e ver surgir

#ESVAZIAR, QUEBRAR...

Fomos passear...

25/11/2022

...na cidade de Votuporanga, minha mãe e eu.

Foi muito gostoso. Caminhamos, lanche delicioso, tortinhas pra levar pra casa, comprinhas e conversa de gente grande sobre se gostar, se cuidar e participar da vida de quem gostamos com leveza e sabedoria.

Ah, como foi bom!

Expus minhas fragilidades físicas e mentais.

O cérebro do TDAH...

26/11/2022

...consome mais energia, precisa de pausas programadas.

Diga: isso é importante.
É muito importante esse reforço.

IMPORTANTE
Descansos programados
Tomar água
Missa
Terço
Ter músculo
Perdoar a mim

Zigue-zague pela casa, com arrumação, limpeza, me deixam exausta

Passos curtos é um veneno

Por que me cansei tanto ontem e hoje?

Repeti atitudes antigas:
— me adiantei embrulhando presentes de Natal para minha mãe
— espalhei os enfeites de Natal
Estou o pó
Faltaram pequenas pausas
Faltaram goles de água
Faltou paciência
Minha agenda estava em branco hoje e eu não parei um minuto e ainda estressei minha mãe
E hoje seria um dia de descanso...

Excesso de pensamento

Excesso de impulso
   Criatividade
   Maestro desorganizado
   Hiperfoco
   Tem exaustão
   Tem preguiça de falar
   Precisa fazer nada

Quando peço uma explicação, normalmente não acolho a resposta (tenho que pegar no ar)

Fugia dos trabalhos escolares em equipe, meu tempo era diferente

Dificuldade em gravar nome de autor de livro
Aprender outro idioma
Tecnologia digital

Não conseguia estudar com meus filhos ou acompanhar seus estudos. Faltava método.

Família de mulheres prendadas. Bordadeiras.
— O que você vai fazer na sua velhice?
Minha avó me perguntou enquanto todas as mulheres bordavam ponto de cruz.
— Vale rezar? — perguntei

E eu já tinha tentado bordar quando desconfiei que estava com depressão. Mas era muito buraquinho para contar.

Na costura, tentei também. Mas nunca houve capricho. E se fosse preciso descosturar... ai ai ai
Até que me defini: eu passo costura, com pontos largos e justos ao mesmo tempo.
Mas arrematar roupas para minha mãe, sim, e sempre fiz barra das minhas calças.

Dificuldade em criar regras e segui-las. Estou sempre me aproximando de pessoas fortes, como que pedindo suporte.

Política não era um tema interessante.
Até que...
Me envolvi a ponto de me indicarem como candidata ao cargo executivo, sem a menor chance de não ser eleita.
Mas... E meus esquecimentos? A enxaqueca?
Teria um braço direito FORTE?
E eu sabia que faria um trabalho incrível, como fiz pelo social por oito anos.
Tchau. Missão cumprida.

Quando estava para "morrer por exaustão"
Fiz artesanato
Fiz pão, queijo

Pintei guarda-roupa
Pintei banquetas
Mandei e-mail para minha primeira neta no ventre da mãe dela
Festas surpresas para filhos, pais
Livrinhos para neta
Revolucionei a política local
De tímida fui rapidamente para a frente usar microfone e pregar a Palavra de Deus que num instalo não cabia dentro de mim.

Estudei o Antigo Testamento e dei catequese para adolescentes
Falei de sexo, Nova Era
Nunca assumi fase final na catequese. Último ano. Sabia que quebraria as regras, inovaria e não cumpriria as etapas previstas.

Quando pedi ajuda para selecionar fotos no computador me perguntaram:
— Como você revelou as outras fotos sem baixá-las?
Sei lá. Rodei, rodei e achei um jeito. Não me lembro como foi. Se tiver que repetir, volto na estaca zero.

Enurese noturna na infância, até sete anos

Ouço as vozes quando tem muita gente conversando. Exaustão.

A irmã querida do meu pai morreu em maio de 2010. Estava almoçando e pufff, morreu. Senti a dor do meu pai. Uma semana depois, propus a ele que escrevêssemos sua biografia.
Entendi que ele "estava como que desempregado".
Em sete meses o livro estava pronto e foi distribuído nas bodas de ouro dele.
Ele colaborou por cinco meses, depois eu continuei e fiz surpresa com o livro pronto na sua festa.

Numa prova de ciências (com doze anos de idade), olhei para o papel. As respostas foram, uma a uma: Não me lembro no momento.
Era a minha verdade.

Pensei em fazer livrinhos para minha neta.
Ok, se ninguém pode me ajudar a fazer scrapbook bonitinho, invento. Faço do meu jeito.
A mensagem eu tinha bonitinha, já o acabamento...
Mas fiz.

Mandei crônicas para o jornal local semanalmente por seis anos.
Meus pais criticavam os erros de português.
Mas, quando o texto nascia, não havia tempo para correção.
Ou eu não queria mudanças. Nada que ofuscasse a ideia original.

Eu VISUALIZO meu leitor

Escrevo CONSTANTEMENTE, tipo, basta encostar a caneta no papel.
Mas é difícil expandir como gostaria.
Divulgo pessoa por pessoa, um a um pelo WhatsApp.
Às vezes no Instagram, story e feed, mas depende muito da minha disposição e concentração para lembrar o passo a passo.
Para pedir ajuda nesse sentido, parece que me expresso em outro idioma.

Ainda não sou capaz...

29/11/2022

...de rir de uma situação bizarra
  É que acontece profundamente, acontece verdadeiramente
  Ainda vou aprender a rir pra ficar mais leve
  Tipo, prever que vai passar e daí ficará mais suave

Começo a rir...

2023

...das minhas pataquadas. Aleluia!

  Viajar na maionese e rir é uma aventura!

  Mas
  VIAJAR É PRECISO!

Diário de bordo desdobrado

...60 anos

❦

Viajar é preciso,
percebe?

Gosto de viajar e registrar os fatos e as emoções vividas. Trago para você, leitor, um pouco disso com o propósito de "recordarmos juntos" tantas emoções e confusões próprias de quem se aventura a viajar.

Não dei volta ao mundo, mas meu Universo fica ampliado a cada "mala que arrumo".

Fui para o Oriente e voltei para o Ocidente; do deserto para campos férteis.

Foram cruzeiros pela costa brasileira, Europa e pelo Reno, fazendo a rota dos castelos.

Incrível!! Tem que ver pra crer!

#DESDOBRAR

Santa, Terra Santa

Pra lembrar do que é santo.
 Pra lembrar que fomos chamados à santidade. Percebe?
 Chamados a sermos diferentes, fazer diferença!
 Coisa para os escolhidos...
 Escolhi, então, pisar nas terras por onde o Escolhido andou.
 Glória a Deus!

♪♫

*"Caminhando eu vou para Canaã.
Caminhando eu vou para Canaã.
Se você não vai, não impeça a mim.
Glória a Deus caminhando eu vou para Canaã".*[19]

 No Mar da Galileia, abrimos a Bíblia onde fala de Jesus com seus amigos e bem ali revivemos os acontecimentos.
 Momento impagável.

---

19 "Caminhando eu vou para Canaã", Corinhos Evangélicos.

Já no Monte Tabor, foi preciso abrir bem os olhos para registrar a "altura do monte" e fechá-los para perceber o brilho na face de Jesus!

Estando Jesus ali naquele Monte das Oliveiras, percebeu/sentiu minhas agonias. Quanta delicadeza de um Deus que não se contradiz... Deus é amor!

Santo Sepulcro, a Terra tremeu — tremeu porque Jesus não temeu em dar a vida para que eu tivesse vida. Vida em abundância. Entrei na história. Assim seja!

Assis, de Francisco

A NATUREZA TÃO BELA!

Foi o trajeto que fiz: Israel e depois Itália/Assis. Perfeito!

Do deserto explorado com categoria, que "tira água das pedras" e nada se perde, diretamente para os campos verdinhos e floridos de Assis.

Quanta graça que é caminhar pelas ruelas de tua Assis, Francisco!

Tua terra tem encantos que nos fazem lembrar que Deus fez tudo e viu que era bom!

ENTRE GREGOS E TROIANOS

Grécia, Suíça, França

2018

Aventuras, participação em livros publicados na Suíça.
    Dei as caras em três antologias: *Brasil: conto por conto; Salmos modernos; O homem, o projeto do mundo.*

Coisa de gente grande.

Atenas, Santorini — perdidas e achadas na ilha paradisíaca.

Pôr do sol, noivas realizando sonhos, penduradas em penhascos.
    Asiáticas sobrepondo roupas delicadas, ali mesmo, fotografando para ficar registrado belas recordações. Muita graciosidade!
    Quarto de hotel cavado nas pedras da ilha.
Kalimera, Virna Lize!
Virna, nossa guia capixaba.

Suíça — Vevey de Charlie Chaplin.
Vevey do chocolate Nestlé.
Alpes suíços...
Relógio das flores.
ONU, cadeira com três pés, que não dá pé.

Paris, Paris, Paris

Caminhar por Paris com paixão, sem lenço, com documento.
   Um café aqui, outro acolá. Ulalá!
   Croissant, doces, sopa de cebola.
   Mais acima, ela, a Torre Eiffel!
   Elegante, majestosa, brilhante.
   Sena, que cena!
   Que cenário cinematográfico deslizar pelo Sena, no Bateau Mouche, e A D M I R A R o que ali está para ser saboreado.
   Percebe?

Cruzeiro fluvial pelo Reno – Europa

9 A 26/08/2019

Holanda, Alemanha, Basileia-Suíça, Colmar (Petite Venise), Paris

Colônia, cidade alemã
Sua catedral é a quinta mais alta do mundo, onde se encontram as ossadas dos três reis magos.

Riquewihr

Comuna francesa na região da Alsácia, cidade medieval que inspirou o filme *A bela e a fera*.

Atravessamos o arco e entramos no cenário cinematográfico, com degustação de vinho e loja de enfeites de Natal.

Estrasburgo, comuna francesa onde se encontra a Catedral de Notre-Dame com exibição diária do seu relógio astronômico.

Estamos no navio e nos permitimos sonhar e viver as emoções.
#DESDOBRAR

Ah, este violino

12/08/2019

Ah, este violino...
Ah, a vida
A vida devia ser tocada como o violino desta noite
Com delicadeza
Atenção
A vida devia ser tocada com esta sensibilidade
O violinista sentia a música
Ah, se eu me sentisse
Se eu me tocasse
Se eu me tornasse uma melodia afinada
Se eu fosse um som que o outro desejasse ouvir — por ser verdadeiro
Por ser autêntico
Único
Afinal, foi dito que sou único
Que sou imagem DE
Que sou imagem Dele
Que SOU!
Assim seja!

♪♫

"Canta canta, minha gente!!!"[20]

---

20 "Canta canta, minha gente", Martinho Da Vila.

Acordo com o Reno

14/08/2019

(Hoje, os castelos vão surgindo, pouco a pouco. Visitaremos cidadezinhas muito charmosas, com passeios de bicicleta, trilhas e muitas escadas para se chegar a alguns lugares incríveis — algumas vezes, o táxi e a van auxiliam no trajeto. Muitos companheiros de viagem levaram suas farmacinhas, próteses e stents, *mas foram!)*

Acordo e faço um acordo com o Reno: hoje é dia de reinar!
Deslizo nas suas águas e sigo a "escolher meu castelo".

Olho para a direita, olho para a esquerda — *"mamãe mandou escolher este daqui, mas como sou teimosa"* — quero mais.
Quero porque mereço, porque cabe nos meus sonhos.
Quero porque a vida é bela!
Quero. Quem irá me impedir de sonhar?
O que me impedirá de realizá-los?
Navegar é preciso...
Já não preciso de trilha, *bike* ou escadarias.

🎵

"O que eu quero, é sossego!!!!"[21]

🎵

"Vou de táxi, cê sabe..."[22]

Vou de bonde, mas vou. Com prótese, vou. Com *stent*, vou.

---

21 "Sossego", Tim Maia.
22 "Vou de táxi", Angélica.

E quando a lua veio com seu brilho me desejar boa noite, pisquei sorrateiramente, exalando o aroma de café com conhaque. Tim-Tim.

See you tomorrow! Bis morgen!

Venho do Brasil

18/08/2019

(Saímos do Brasil para conhecer lugares, culturas diferentes e a maioria de nós sem conhecer a língua local; o que nos rendeu muitas risadas. Ao sair do hotel para o navio, um casal pendurou na porta do quarto o cartão de "não perturbe" e o Mensageiro acatou a mensagem. Por um tempo ficamos procurando pelas malas até que alguém voltou no quarto e viu a placa que indicava que as malas não queriam ser perturbadas.

Depois disso embarcamos e foi a minha vez de fazer trapalhada. O ar-condicionado da minha cabine deixou de funcionar. O motivo? Só funcionava quando a porta da sacada estava fechada. Mas para chegar a essa conclusão rendeu muita confusão.)

♪♫

"Você sabe de onde eu venho?
Venho do morro, do engenho".[23]

Que nada, venho do meu Brasil varonil.
Venho com meu desejo de ver seu vilarejo do outro lado do oceano.
Pra isso juntei meus trapos, reuni amigos e vim ver o que você tem diante dos seus olhos e assim ter mais "causos" pra contar.
Do que você me fala, pouco tenho a transmitir; fica pá daqui, pá dali.
Mas a sua história escrita nas ruelas, pela arquitetura antiga com recortes de guerras e terremotos, nas igrejas, nos museus e castelos — estas eu leio, saboreio e viajo no tempo.

---

23 "Canção do expedicionário", Força Expedicionária Brasileira.

Venho pra saber *"Como vai você? Eu preciso saber da sua vida"*.[24]
Preciso saber da sua vida para entrelaçar na minha e levar um pouquinho dessa experiência na câmera do meu celular, ou num mimo socado na mala que insiste em viver de excessos.

Ah, se você tirasse um tempo para um dedo de prosa num café, numa esquina qualquer, contaria o quanto é bom estar aqui. Por não reservar esse tempo, fico a rir sozinha das lembranças das malas que pediram para não serem importunadas,

das trapalhadas de roupas e climas desencontrados,

dos pedidos feitos nos restaurantes, do ar-condicionado que não quis funcionar porque a porta da sacada estava aberta, dos questionamentos das faturas de cartão no navio:

— Mas eu não tomei chope — disse nossa amiga. É que, na verdade, ela consumira no *shop*.

Sorry, tenho que partir.

Tschüss

Bye bye

Au revoir

Até breve.

"Vou indo, caminhando sem saber onde chegar

Quem sabe na volta te encontre no mesmo lugar".[25]

#ESVAZIAR

---

24 "Como vai você?", Roberto Carlos.
25 "Caminhemos", Nelson Gonçalves.

Parada para Champagne

20/08/2019

"A tarde está tão fria, chove lá fora.
E essa saudade enjoada não vai embora".[26]
Ai que saudades... de Paris!
Ai, ai, "... assim você me mata".[27]
Mata de sede.
"Pare o mundo que eu quero descer".[28]
Eu não aguento mais tirar fotografia pra mandar pro Brasil.
Pare.
Pare que quero descer em Champagne.
"Por favor, pare agora. Senhor juiz, pare agora.
Senhor juiz, eu sei que o senhor é bonzinho",[29] sigamos então para mais um barzinho — tim-tim.

---

26 "Chove lá fora", Tito Madi.
27 "Ai se eu te pego", Michel Teló.
28 "Para o mundo que eu quero descer", Sílvio Brito.
29 "Pare o casamento", Wanderléia.

Ulalá!!!
"Por que não paras relógio".[30]
Cuco! Cuco!
Temos cinco horas de vantagem!!!
Mesdames et Messieurs le champagne à cause de Abreu. Merci.

Boas lembranças

23/08/2019

Boa noite, amigos. Boa viagem.

Voltando pra casa com boas lembranças e ficarão boas recordações.

De boas prosas, *drinks*, paisagens, pores do sol, castelos e bistrôs, comprinhas, comidas surpresas e surpreendentes.

Danças... *"Dança comigo!"*

É bom voltar pra casa.

Voltamos de barriga cheia, bolso vazio.

Malas cheias de coisas novas e roupas sujas.

E os casacos e corta-ventos... logo serão apresentados aos que ficaram no armário, nas gavetas e prateleiras kkk

Com pressa, faremos compressas ali onde dói.

Dentro em breve, usaremos nossos xampus, cremes, máscaras.

Vixi, voltando à rotina, colocaremos máscaras novamente para fazer de conta que...

Quanta bobagem... Quanta bagagem... *"Guantanamera!"*

"Se eu quiser fumar, eu fumo. Se eu quiser beber, eu bebo".[31]

"O que eu quero? Sossego"... Massagem... Drenagem.

---

30 "Relógio", Adilson Ramos.
31 "Maneiras", Zeca Pagodinho.

Lembrando que os que ficaram... não descansaram... não riram das piadas contadas a nós... não viram igrejas, museus, flores e telas tão belas. Não ouviram as melodias cantadas pelo grego e o juiz, nosso amigo de viagem.

... privilegiados fomos/somos nós. Graças, Pai!

Cansei

29/08/2019

Cansei de viajar
Viajar cansa
Cansa carregar mala
Cansa se fazer entendido
Cansa andar, andar e andar
Os olhos então... ficam sem descanso
Pois apreciam as belezas da natureza
A beleza que surge com o toque humano
Cansa de olhar o que está à sua frente, e o que o outro aponta, dizendo: "Veja só aquilo ali!".
Frio, calor e chuva me cansam do tira e põe de roupas — pareço cebola sendo descascada
E quando a noite chega os olhos se fecham... e descansam em meio às recordações...
Viajei e cansei
Cansada, avistei castelos margeando o Reno
Cansada, percorri as encantadoras ruelas da Petite Venise
Degustei champanhe, vinho e chope gelado
Diante do cansaço rasguei o *croissant* em pedaços, acompanhado de café com conhaque.
No auge do cansaço arrastei malas pelo imenso aeroporto, apresentei passaporte e *voucher*.
Adentrei a aeronave e... minha poltrona é a do meio, aquela que incomoda o da direita e o da esquerda.
Ando querendo viver cansada
É cansativo, mas não monótono
Alguém, por estar muito cansado, deve ter lido CANSADA — o que não é verdade, ando ENCANTADA
Para me encantar, me canso/DESDOBRO

Cebolas do Egito...

VENTOS CONTRÁRIOS

Não tenha dúvida, a tentação vem.
Seremos tentados.
Sabe aquele lugar ou aquela situação que jamais deveríamos pensar em voltar?
Pois é; é disso que falo.
De repente, *oia nóis ali*.
Nosso pensamento nos trai.
E trai atraindo como uma possibilidade.
É quando percebemos que realmente estamos trilhando novos caminhos e damos uma parada, meio que nostálgica, e fazemos perguntas tolas:
— Está certo?
— Mereço?
"*Como será o amanhã?*"[32]
Diga-me,
como isso acontece com você?
Achando que:
deve voltar naquele lugar;
estar com aquelas pessoas;
não vale a pena viajar porque...
em toda viagem sempre acontece algo...
Sabe o que é mais importante?
Ouvir sua voz interior:
"*O importante é que emoções eu vivi*".[33]
Percebe?
Voe. Voe alto. Voe na altura dos seus sonhos.
Caminhe a passos largos na direção dos seus sonhos.
Navegue em águas mais profundas, mais azuis.

---

[32] "Como será o amanhã", Jefte Santos.

[33] "Emoções", Roberto Carlos.

Trilhe uma trilha que reserve surpresas. Que te faça exclamar: Ahhh!
Viaje de trem; pare em várias estações.
Só não perca as emoções reservadas nesse "trem que é a vida".
"A vida é trem-bala, parceiro. E a gente é só passageiro prestes a partir".[34]
Percebe?

#DESDOBRAR

Um Cruzeiro, por favor

Tiro meus cruzeiros que estão debaixo do colchão e..., ops, meus reais, e embarco nessa.

Dependendo do navio, a moeda que rola pode ser dólar ou euro, mas cartão de crédito internacional é bem-vindo! Pequenos detalhes que, de verdade, não impedem alguém a navegar.

Você também pode. Tem pra todo gosto, com inúmeras parcelas.

Fiz alguns cruzeiros, só e bem-acompanhada. Valem a pena as duas experiências.

Os cruzeiros na costa brasileira têm ofertas que agradam a todos os públicos, e vale dizer que, em todos eles, os shows no teatro são incríveis.

Quem ainda não foi pode se questionar: cruzeiro, eu? Fazer o quê tantos dias dentro de um navio?

E a resposta é: não dá tempo de curtir tudo.

Estou aqui para te dizer que, além de inúmeras possibilidades de se distrair e divertir, estando apenas dentro do navio, quando ele para nas cidades já estabelecidas, é possível sair para conhecer e curtir os locais.

---

34 "Trem-bala", Ana Vilela.

Pra quem gosta de música, tem shows ao vivo, roda de samba, teatro, piscinas, bingo, lojinhas, biblioteca, cassino — é preciso se organizar para usufruir de tudo.

Mas pra falar em luxo — não que seja necessário; porém, sabe... há quem goste também —, fui no MSC Seaview com capacidade para aproximadamente cinco mil pessoas.

Essa gracinha tem átrio de três andares, com paredes de vidro e escadas de cristais swarovski. Pisei nos cristais.

Tem ainda seis piscinas, onze restaurantes, vinte bares e *lounges*, duas tirolesas, teatro, cinema, cassino, academia, *spas* e área *kids*.

Só não tem espaço para tédio.

Mas volto a dizer que fui num bem simples, baratinho, e tinha muita beleza, lazer e conforto.

E comida o tempo todoooo. Embarque nessa.

Cruzeiro, para navegar...

Minha mãe e eu aprendemos um pouquinho do que a vida insiste em ensinar, mas que...

"*Navegar é preciso; viver não é preciso.*"

Estamos navegando no hoje, sem lenço, sem documento.

Mas o voo atrasou — para quem? Não temos pressa.

O uber também atrasou — então, aqui mesmo no aeroporto, vamos curtir um pouco mais a visita da prima querida.

Uma pizza? Sim.

Chegando no hotel, a outra prima deixou alguns mimos para nós: chocolates.

Comamos!

Jantar: a que horas? Daqui a pouco. Vinho? Sim.

E a vida segue.

Segue livre porque conheceu o sabor do enrosco. Chegando naquela cidade praiana, de repente reconheci um hotel, local de um enrosco. Foi pura chateação naquele dia, naquela noite.

Lembro-me apenas de que foi a primeira vez que me decidi pela separação (na segunda, me separei mesmo). De nada mais me lembro, nem estou aqui para isso. A memória quis me trair, mas ela não cabe nessa mala que arrumei.

Imaginem que as malas de hoje têm rodinhas; diferentes daquelas que usei na memória. Com quatro rodinhas, "navego" com liberdade.

Comandante, o navio pode partir. Não estamos prontas; estamos livres.

#SER

Planeje a sua!

Pode ser:

— no seu interior;

— logo ali;

— "no rancho fundo, bem pra lá do fim do mundo..."[35];

— "além do horizonte deve ter algum lugar bonito..."[36];

— "vamos fugir, pra outro lugar, baby..."[37];

— "voar, voar, subir, subir. Ir por onde for..."[38];

— "oh, tristeza me desculpe. Estou de malas prontas. Hoje a poesia veio ao meu encontro. Já raiou o dia, vamos viajar."[39]

Oh, yes!!!

---

35 "No rancho fundo", Chitãozinho & Xororó.

36 "Além do horizonte", Roberto Carlos.

37 "Vamos fugir", Skank.

38 "Sonho de Ícaro", Byafra.

39 "Viagem", Nelson Gonçalves.

Viagem para o meu interior

Boa viagem!
Esta viagem até pode ser adiada, mas não dá pra transferir o *voucher* para outra pessoa — é com você.
Traçar um roteiro e percorrer estradas nunca antes exploradas. Olhar-se com carinho e ver suas necessidades:
— por que faz tanto frio neste lugar?
— por que nunca fico acomodado quando vou até aí?
— por que não durmo nesta cama?
— por que o intestino prende e não me deixa solto?
— por que não caminho pela areia ou vejo o pôr do sol?
— por que cuido de tantos detalhes, sempre do mesmo jeito e sempre fico irritado com o que foge do esquema?
Posso planejar umas férias comigo pelo meu interior.
Ninguém precisa saber, e, quando eu voltar, vão ver meu bronzeado, meus ombros leves, sem olheiras, com brilho nos olhos...
Pago o preço que for por essa viagem e pelos olhares que serão lançados sobre mim, só porque me permiti kkk.
A viagem dos meus sonhos está prestes a se concretizar.
Vocês vão perceber.

"O primeiro passo para uma grande viagem
é você marcar a data da saída."
(filme: O mundo em duas voltas)

Universo de possibilidades no aeroporto da vida

A VIAGEM SEGUE COM EMBARQUES E DESEMBARQUES

DATA	PASSAPORTE CARIMBADO
Abril de 2018	Suíça/Grécia/França
2008 e 2018	Israel/Itália
Agosto de 2019	Cruzeiro fluvial no rio Reno
Setembro de 2022	Capitais Ibéricas
Dezembro de 2022/ Janeiro de 2023	Dubai
Janeiro de 2023	Patagônia Argentina

BOA VIAGEM!

Rode, rode, rode, e encontre-se nesse mundo de meu Deus!
Estando no Universo, não se distraia! Explore!
Estando no aeroporto, fique atento aos portões.
Aos chamados para embarcar!
Aventure-se!

Vale para quem está vivo, para quem deseja estar presente, para quem sonha, para quem se submete às emoções.

PASSAPORTE CARIMBADO

GRÉCIA: o berço da civilização ocidental onde surgiram as primeiras noções da democracia, das artes cênicas, da hidrografia e da literatura. A ciência e a religião não eram separadas, e aproximar-se da verdade significava aproximar-se dos deuses.

Fui ver de perto.

ITÁLIA: a Roma Antiga está entre os maiores impérios do mundo antigo. Essa sociedade contribuiu para o governo, o direito, a política, a engenharia, as artes, a literatura, a arquitetura, a tecnologia, as guerras, as religiões, as línguas e as sociedades modernas.

Deixou como legado o alfabeto, a numeração, os templos, os aquedutos e outros monumentos incríveis, como o Coliseu e o Panteão.

Fui conferir.

ASSIS: ali chegando, a paz invade teu coração.
Torna-te um instrumento da paz.
Vi com os olhos da alma.

ISRAEL: onde a Salvação ganhou Caminho, Verdade e Vida. Lugar pra pisar na história escrita do livro mais lido do mundo, a Bíblia.

Aventurando-me pelo deserto e tomando muita água, quando estranhei a comida local, optei pelas frutas.

No Mar da Galileia não foi necessário usar roupa de banho, e sim de mergulho na história. Podia acontecer de Jesus aparecer dizendo: "Jogue sua rede de pesca do outro lado!".

Convinha obedecer, deu certo no século I d.C.

Ou Jesus poderia me chamar para caminhar sobre as águas.

Bom pra quem aprecia esporte radical.

Pisei nessa terra.

ESPANHA e PORTUGAL: povos inquietos, descobridores.

Povos do além-mar, atentos às suas intuições.

Oportunidade para entrar no clima e descobrir o aroma de bons azeites e vinhos.

Agarrei-me a essa oportunidade.

CRUZEIRO FLUVIAL PELO RENO/EUROPA: um passeio romântico num pequeno navio, por um rio estreito: castelos de cá e de lá, histórias, cidadelas saídas de um tempo bem distante que preenchem de encanto os olhos e a alma.

Deslisei pelo Reno e me encaixei no cenário.

DUBAI: se brilhar, é ouro! Bota a imaginação pra funcionar no quesito possibilidades. Sim, eles se desafiam a todo instante em colocar diante dos turistas um mundo super alto, super grande, super moderno, surpreendente.

Desafiei-me no deserto e nas alturas.

USHUAIA: o fim do mundo. Um mundo de cenários surreais.

Não foi o fim, mas o início de uma nova visão de mundo.

Embarque nessa onda!

Até agora, quando pensamos no nosso espaço, na nossa localização, pensamos no Universo, no Planeta Terra, no país em que moramos, na cidade.
Vamos usar a imaginação e...
Imagine que o Universo é um aeroporto.
Imagine-se vivendo num aeroporto com seus desafios e oportunidades.
Explorando e vivenciando as aventuras da viagem pela vida...
Vamos lá explorar como se estivéssemos vendo nossos passos, tropeços, risadas etc. por uma câmera.
Vemos também as inúmeras possibilidades de viagens, aventuras, aquelas informações que não são muito claras, descobertas, línguas que buscam conexão entre si, caminhos que se cruzam, companheiros de viagem.
Embarque para
sei lá...
— conhecer lugares incríveis;
— despedidas e reencontros;
— mudar de vida, ter um novo emprego;
— realizar sonhos;
— buscar a cura;
— apresentar projetos;
— dar um tempo na rotina pesada...

e...
ops,
ouço dizer:
"Turista sofre".
Não, eu não ouvi isso.

Quero dizer, eu e muitas pessoas já ouvimos.
Mas vamos pensar em como amenizar isso.
Imprevistos, ok.
Do mais, vamos organizar para que sejam momentos de muita emoção e boas lembranças.
E que esse pressuposto passe a ser démodé.
Combinado?

Voltaremos a falar sobre isso mais pra frente.

E agora estamos literalmente no aeroporto com placas indicando:
informações
área de descanso
Sala vip
portões
embarque, desembarque
praça de alimentação
WC
E naquela primeira vez em que
chegamos timidamente no aeroporto
e vimos pessoas caminhando de um lado para o outro,
muitas nacionalidades diferentes,
línguas estranhas,
um lindo desfile de modas...
Será que você e eu fomos os únicos sem saber o que fazer e por onde começar?
Arriscamos sentar num lugar isolado,
comer um salgado e, depois, um café.
Apenas o básico essencial porque acabamos de descobrir que aqui é tudo muito caro.
É bom nos precavermos para eventuais surpresas.
Ali ficamos por um longo tempo sem interesse ou sem ideia mesmo de que
tem muito a ser descoberto, muita emoção a ser vivida.

Passado um tempo, nos permitimos caminhar um pouco e vemos que tem balcões que vendem bilhetes de viagem.
Grupos de pessoas leem seus bilhetes e se dirigem ao portão de embarque.
De repente essas pessoas param diante de um painel, e...
PAINEL DE EMBARQUE
Começam a conferir o bilhete: destino, horário, portão, embarque iniciado.
Ou
Mudança nos planos:
quer dizer que já não é mais o portão que está anotado no bilhete, e que, por algum motivo, o voo foi transferido para outro portão/GATE. Muitas vezes, o novo portão está muito distante e as pessoas caminham às pressas.
E pode acontecer de o voo ser cancelado.
Caracas!
Não, não é voo com destino a Caracas, a capital da Venezuela; é pura expressão de irritação.
Caracas!!!
O voo que muitas vezes foi tão planejado, **sabe-se lá por que, foi cancelado.**
A partir daí, a experiência conta, a iniciativa por buscar informação faz diferença e administrar o estresse é fundamental.
É a vida!
C'est la vie!

#DESDOBRAR

E não é que na vida isso também acontece!

Na vida, vamos dando passos, descobrindo o que tem pra ser explorado e que cada pessoa que passa por nós tem um tom de voz, uma história para contar, vive uma fase da vida de chegadas e partidas, com empregos novos, diagnósticos médicos, canta ou dança num ritmo alegre, ou amuada.
Medo de viver, medo de voar, medo de conhecer.

E chegamos a ouvir que "a vida não faz sentido".

Ah!

Será que ouvi direito?

"Turista sofre."
"A vida não faz sentido."
#ESVAZIAR, QUEBRAR...

Venha cá.
Vamos juntos olhar **seu bilhete de viagem pela vida.**
Veja só, tem muitas possibilidades:
— pontos de partida;
— área de descanso;
— cafés incríveis;
— roteiros incríveis;
— companheiros que você pode escolher ou agradecer e seguir seu destino sem companhia.

E o bilhete que cada um recebe para viajar e curtir as emoções?
Por que não foi carimbado até agora?
Mal caminhou pelo aeroporto e já está tirando conclusões...
#DESDOBRAR

Sabia que num aeroporto tem aeronaves com destino para onde você quiser?
Para onde você sonhar!
Quando foi a última vez que você se olhou no espelho e se perguntou:
— On co tô?
— On co vô?
— Quem sou eu?
— **Do que é mesmo que eu gosto?**

A questão é,
— **Ninguém pode viajar por você!**
— *Ninguém pode usar seu passaporte!*

E mesmo que pudesse, o seu sonho é só seu.
Se você não for atrás das possibilidades à sua frente...
Se você se recusar a embarcar...
Não caminhar...
Não pedir informação, não passar pelo WC, não tomar água, não comer um lanche, não pegar o bilhete, não conferir e não embarcar quando ouvir o anúncio...
seu assento ficará vazio;
você não sairá nas fotos;
as emoções reservadas a você ficarão "a ver navio".

Você está no Aeroporto da Vida!
Você tem uma vida para viver as emoções!

"Turista sofre."
"A vida não faz sentido."
É fake!
Saiu de moda!
É démodé!

#SER

O PAINEL DE EMBARQUE FOI ATUALIZADO
Leia outra vez
O PAINEL DE EMBARQUE FOI ATUALIZADO
A vida está com um NOVO ROTEIRO DE VIAGEM PRA VOCÊ

Ouça o que está sendo falado nos alto-falantes do aeroporto:
— **os imprevistos não podem definir o curso;**
— *ajeite seu visual;*
— *vá ao WC;*

— *venha tomar um café;*
— *dirija-se ao portão de embarque cujo número está no seu bilhete;*
— *sua poltrona está reservada com manta, fone de ouvido, filmes pra assistir durante o voo ou músicas para relaxar. Logo será servido um lanche.*

Sonhe!
Embarque!
Faça acontecer!

Tenho andado pelo mundo de meu Deus.
Meu Deus!
My God!

Seguem alguns detalhes para deixar a viagem com o seu perfume. Converse com seus botões e pergunte-se:
— **O que estou esperando dessa viagem?**
— *Qual o local ou o tipo de passeio de que gosto (mar, passeios radicais, trilhas, caminhadas, compras, igrejas, museus, tardes livres, bons restaurantes)?*
— *Que tipo de hotel tem meu perfil? E a localização? O que eu levo em conta, a distância do hotel com os pontos turísticos, o valor a ser pago, o número de estrelas?*
— *No tempo livre do passeio, o que penso em fazer?*
— *Que suporte espero receber de uma agência de turismo? Sabia que tem como pesquisar a satisfação dos clientes?*
— *O horário do voo faz diferença para mim?*
— *O tempo de espera nos aeroportos é tranquilo para mim?*

O combinado não é caro!
Algumas coisas vão dar pra negociar, e o que não der, ok, pode não ser o que você deseja, mas embarcará sabendo o que foi combinado entre as partes.

Grécia – Suíça – França

15/04/2018 – 28/04/2018

TRÊS AMIGAS DE VIAGEM

ATENAS, SANTORINI, GENEBRA, VEVEY, PARIS

E lá fomos nós nos aventurar, lançando olhares curiosos para Atenas, com o passado tão presente, dando a impressão de que, se nos calássemos, as pedras falariam. Os monumentos com muitas colunas e um filme milenar ia sendo atualizado bem diante de nós: Acrópole, Parthenon, Erecteion, Ágora, Museu Arqueológico Nacional abraçando os pedaços da história.

Já o charme, a delicadeza e a paisagem celestial da ilha de Santorini, sim, tem o dedo de Deus, e nos faz feliz por estar filmando com os olhos da alma tamanha beleza.

Pensei em ir jogando migalhas de pão enquanto caminhava pela ilha (pra não me perder, mas me perdi) para depois voltar pelo mesmo caminho ao meu hotel que era uma gruta cavada na pedra. Lindo de ver!

Ficamos com as belas lembranças da Grécia e fomos para a Suíça conferir que ali tem um povo organizado. Estávamos em Genebra para o lançamento do livro *Brasil: conto por conto*, que foi minha primeira participação numa antologia.[40]

O lançamento dos Salmos Modernos também foi lá.

---

[40] Antologia (do grego "coleção de flores"; em latim: *florilegium*) é uma coleção de trabalhos notáveis por algum motivo específico (podendo ser literário, musical ou cinematográfico), agrupados por temática, autoria ou período.

A antologia literária é uma obra composta por uma coleção de textos: ou de vários autores sobre uma única temática, ou produzidas em um mesmo período histórico por um único autor. Nota: Para outros significados, veja Antologia (desambiguação).

Fui apresentada a duas brasileiras guerreiras que moram lá e têm editora.

Foi em Genebra que comi o melhor *croissant* da minha vida.

Entre Montreux e Lausanne, está Vevey, uma das pérolas da Riviera Suíça, cidadezinha romântica, a terra do chocolate Nestlé e onde Charles Chaplin viveu por 25 anos, morreu e está sepultado. Foi homenageado de várias formas, inclusive com o Chaplin's World.

E na estação ferroviária de Vevey nos despedimos dos encantos suíços, rumo a Paris.

Estação ferroviária de Vevey.

Chegando em Paris, fizemos um breve *city tour* com o motorista do *transfer*, passando pela belíssima Catedral de Notre-Dame, que abriga o maior órgão da França (construída em 1163, com 170 anos de trabalho).

No Arco do Triunfo — o arco mais famoso de Paris — estava começando uma fria chuva. Avistamos a Torre Eiffel. Fomos nos encantando com Paris sem querer perder nenhum detalhe. O cansaço da viagem não teve espaço em nós.

Indo para o bairro Montmartre, olhamos para o alto e lá estava a basílica com exterior branco, a Sacré Coeur — o ponto mais alto da cidade. Essa basílica romano-bizantina foi construída em memória aos soldados franceses mortos na guerra franco-prussiana. A obra foi concluída em 1914, depois de 39 anos de construção.

Passamos pelo Museu do Louvre e nos aproximamos da pirâmide de vidro. Essa pirâmide foi desenhada pelo arquiteto Ieoh Ming Pei e inaugurada em 1989. Lá dentro do museu, Mona Lisa nos aguardava.

Caminhamos pelo Jardim de Luxemburgo e até parecíamos francesas curtindo a vida.

A Sainte-Chapelle (Capela Santa) foi construída em 1248 para abrigar a suposta coroa de espinhos e outras relíquias de Cristo.

É encantador ver a luminosidade criada por quinze vitrais separados por colunas estreitas de quinze metros até o teto.

Estávamos num filme, olhando para o rio Sena e admirando suas 37 belas pontes.

#DESDOBRAR

Capitais ibéricas
Barcelona/Lisboa

Primeira viagem solo no exterior
(gostei da minha companhia e da liberdade)

04/10/2022 – 19/10/2022

Barcelona/Zaragoza/Madri/Lisboa/Sintra/Óbidos/Coimbra/Braga/Santiago de Compostela/Guimarães/Porto/Aveiro/Fátima/Lisboa/Madri/Brasil

6h45: chegou o dia!

CUIDADOS

Estou tranquila.

Cuidei dos detalhes para que a fibromialgia não entrasse neste pacote de viagem.

(Com diagnóstico de fibromialgia há um ano e meio, nos últimos dez meses adotei uma alimentação anti-inflamatória.

Retirei açúcar, laticínios, embutidos, farinha branca, corantes e conservantes.

Foi libertador.

Nos últimos dois meses, me permiti ficar um pouco mais flexível.)

IMPREVISTOS

Ontem, quando fechei a mala, o LH ligou para me desejar boa viagem. Ele estava com muita dor de cabeça. Já era noite. Sugeri que comprasse um aparelho de pressão. Quando comprou, ali mesmo na farmácia, verificou que a pressão estava dezenove por treze.

— Mãe, quase caí duro.
Foi para o hospital.
Lá a pressão já estava treze por oito, diagnóstico: enxaqueca.
Louvado seja Deus por me permitir estar com meu filho neste momento!

BÔNUS

5h30: minha mãe acordou para se despedir de mim.
Foi uma delícia.
Nos despedimos sorrindo.
Eu disse a ela:
— Veja como estou discreta na minha arrumação kkk
(Gosto de um toque de extravagância.)

SJRP / GRU – voo tranquilo

Estou na praça de alimentação aguardando o horário do check-in.

Tenho tempo para leitura até chegar a hora do almoço.

LH está bem. Já rodando as estradas do MT.

Tenho encontrado pessoas gentis no avião e no aeroporto.

Dei um pacotinho de amendoim para a moça da limpeza; ela sorriu e agradeceu.

Adiantei o check-in. E...

IMPREVISTO

Não aceitaram minhas vacinas da covid. A última dose que tomei ultrapassou 270 dias aceitável.

Bora fazer o teste.

#DESDOBRAR

FOI BOM

Lado positivo: evitei de tomar mais uma dose da vacina. (Sou contra essa vacina elaborada a toque de caixa.)

Cansei. Quando vi, já estava na hora de embarcar e tinha um longo caminho a percorrer. Fila de embarque. Meus pés doíam. Entrei no avião.

Apreciei os vizinhos. Meus pés pareciam programados para doer por quinze dias, os olhos foram fechando exaustos.

O CORPO RECLAMOU

Aquietei e, depois de duas horas de voo, o almoço chegou.

Estou renovada. Gracias!

Conexão no Aeroporto de Madri – 10h30 de voo.

Chope e frutas para revigorar. Muito bom.

BARCELONA
05/10/2022

CURTIÇÃO

O motorista do *transfer* foi me buscar de Mercedes. Show.
   Barcelona, estou aqui para curtir e gostar.
   Já estou gostando.
   São 11h30, mas só liberam meu quarto às 15h.

REPROGRAMANDO A ROTA/DESDOBRANDO

Coloquei minhas malas no guarda-volumes do hotel.
Reproduzi o *look* da melhor forma possível, escovando os dentes e trocando uma blusa.
Táxi, Praça da Catalunha.
Dia lindo e ensolarado.
Muito movimento.
Pessoas alegres, animadas.

Uma comidinha na Praça da Catalunha e aproveitei para estudar o mapa de Barcelona.

Ao voltar para o hotel, que é bem longinho daqui, o que é uma pena, é chegado o momento do descanso.
Olhar para a bagagem e organizar com o respeito que mereço.
A proposta é curtir o passeio sem estresse.

06/10/2022

Dia livre
   Estou renovada
   Café bom

RESPEITO É BOM E EU GOSTO

*Passear, antes de qualquer coisa, é respeitar-se.
   Estar em outro lugar, não me afastando da minha essência. Essência, o que me compõe.
   Falo sobre a Marise que trouxe na viagem, na igreja, na praça, no restaurante, no museu, no show, nas ruas largas e estreitas.
   Autorrespeito em todo lugar.

   E a realidade a ser encarada
   Ok, que o voo saiu na madrugada
   Ok, teste de covid não programado
   Ok, 10h30 de voo
   Ok, aeroportos gigantes e caminhadas gigantes
   Ok, que cheguei no hotel quatro horas antes de liberar o quarto
   Ok ok ok
   O que fazer diante disso?
   Viver as emoções!
   Ok, que o cardápio à minha frente foge um tanto do que hoje entendo que me faz bem.

   O desafio é fazer o passeio permanecer passeio.
   Passeio, dar passo.
   Assumir um novo ângulo de visão.

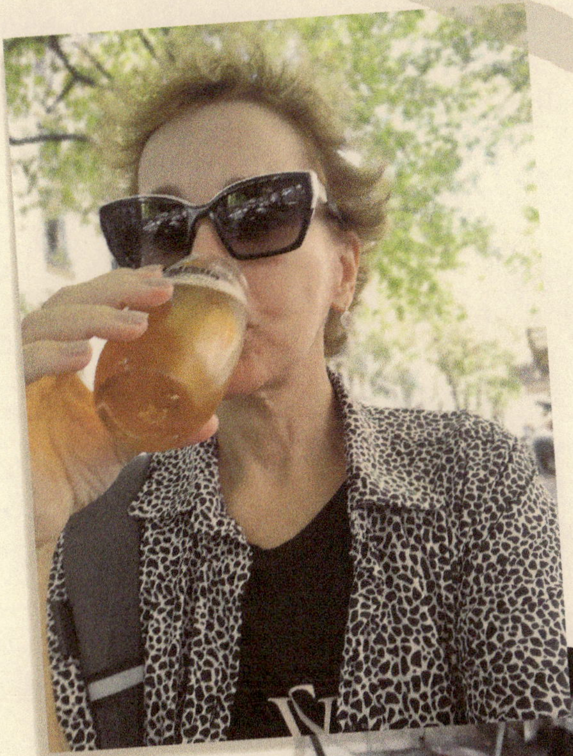

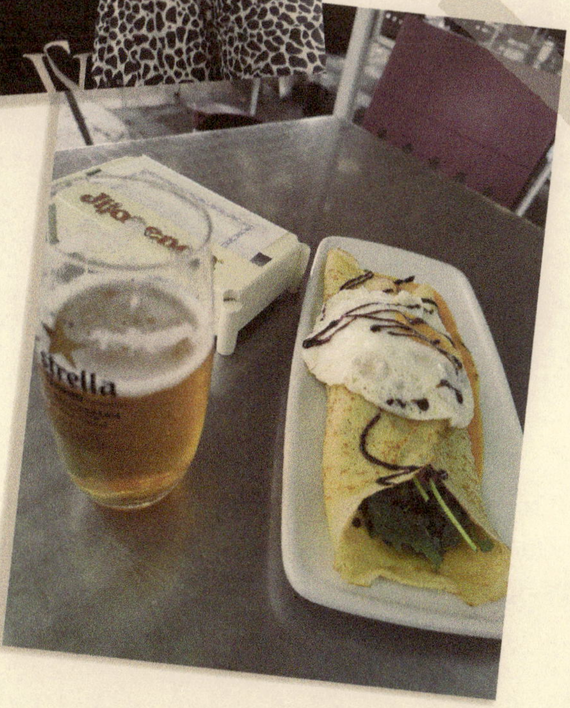

EMOÇÃO

Visitei La Pedrera (a Casa Milà, obra de Gaudí) — era o que eu imaginava, com a sensação de que o próprio Gaudí estava me apresentando os detalhes. Incrível.

    Visitei a Sagrada Família, que é outra obra de Gaudí.
    Falar de Gaudí e comentar suas obras sempre deixará um... sabe, quero dizer... você tem que ver pessoalmente.

El Cafe de La Pedrera

SEM VACILO

Eu fiz essa viagem também para exercitar o autoconhecimento, dar atenção às minhas escolhas. E naquela noite, de modo particular, eu queria ficar só.

Meu grupo de viagem chegou.
Encontrei-me com a guia Ângela e outra viajante, a médica de João Pessoa (PB), para algumas orientações sobre o programa do dia seguinte. A médica estava viajando sozinha também.

PANORÂMICA DA CIDADE – BAIRRO GÓTICO, RAMBLA, MONTJUÏC, SAGRADA FAMÍLIA
07/10/2022

Tarde livre

CURTINDO, SENTINDO, DESCOBRINDO

O dia amanheceu chuvoso. Mudei de roupa rapidinho.

Fizemos um *city tour*. Paramos para ver a cidade do alto.
Vimos a Sagrada Família por fora.
Eu já tinha visitado por dentro na véspera. Muito bonita.

O Hotel Porta Fira (formato que lembra um parafuso vermelho) fica na entrada da cidade de Barcelona.

Foi projetado pelo japonês Toyo Ito e ficou pronto no ano de 2010.

Tempo livre.

Eu optei por não ir ao Poble Espanyol. O dia estava chuvoso para um programa ao ar livre e, portanto, não me atraiu.

Caminhei com algumas pessoas do grupo no Passeio de Gràcia, almoçamos.

E, por conta da chuva, nos dispersamos.

Entrei no El Corte Inglés, uma grande loja de departamento, para fugir da chuva.

Quando já estava no quarto piso, perguntei onde era o wc – no final do corredor.

Uau, é o piso das promoções.

Comprei alguns itens da minha lista.

T-shirts e colete de gomos.

Saí caminhando. Tomei um sorvete delicioso.

EMOÇÃO

Cheguei na Casa Batlló.

Visitar as obras de Gaudí é ir silenciando e o queixo caindo./
ESVAZIANDO

Gaudí foi um arquiteto espanhol que nasceu em 1826 e morreu em 1926.

Sua paixão era arquitetura, natureza e religião.
Para ele, a natureza e Deus andavam de mãos dadas.

Deixou obras incríveis.

A Sagrada Família, igreja que ele começou sabendo que não iria acabar, até hoje está em obras.

Essa obra tem três facetas, o lado que retrata o nascimento de Jesus e o que mostra o sofrimento estão prontos.

O lado da ressurreição ainda não.

Na foto da maquete, o que está na cor cinza é o que está finalizado e, em amarelo, o que está por fazer.

A imagem de Jesus crucificado pendurado na lateral da igreja é diferente porque o que o artista quis mostrar foi Jesus ascendendo aos céus, olhando para cima, com as pernas dobradas.

Frases de Gaudí:

"A linha reta é uma invenção do homem."

"Não há linhas ou cantos na natureza. Portanto os edifícios não devem ter linhas retas ou cantos afiados."

"Nada é arte se não vier da natureza."

"Mas o homem não cria... ele descobre."

"Originalidade é um retorno à origem."

"Não há razão para se arrepender de que não consigo terminar a Igreja. Eu envelhecerei, mas outros virão atrás de mim. O que deve sempre ser conservado é o espírito do trabalho, mas sua vida tem que depender das gerações que é transmitida e com quem vive e é encarnada."

A Casa de Vicente foi a primeira casa projetada pelo arquiteto.
(O terreno que cercava a Casa estava repleto de calêndulas.)
Fico imaginando... Gaudí olhando o cenário à sua frente e perguntando ao Criador:
— O que vês?
— Como vês?
E as calêndulas saltando aos seus olhos!
Gaudí reproduziu a natureza fazendo azulejos com calêndulas em alto-relevo para usar na casa.

O padre pediu simplicidade e recomendou que não ultrapasse o orçamento para o projeto do Colégio Teresiano.
Gaudí disse:
— O senhor celebra missa e eu faço o projeto.

BARCELONA/ZARAGOZA/MADRI
08/10/2022

CONHECENDO PESSOAS
Rumo a Zaragoza
   Zaragoza é um charme.

A médica (João Pessoa/PB) e eu nos encontramos.
Almoçamos e visitamos a Basílica de Pilar.
Gostei de estar com ela.
Estando em Zaragoza, fui apresentada à Nossa Senhora do Pilar.
Que prazer!

Gressiqueli, minha coach preferida, tanto quanto Santiago foi evangelizador e encarou os desafios da missão na sua época, hoje você cumpre seu papel de evangelizadora com nobreza.

Esta imagem é para você se lembrar de que "o pilar está em pé".

A história que ouvi foi que Santiago, diante de tamanha perseguição que os cristãos passavam, pediu aos céus um sinal de que realmente estavam fazendo a vontade de Deus.
E Nossa Senhora apareceu para ele sobre um pilar e disse que sim, deveriam continuar evangelizando enquanto aquele pilar estivesse em pé.
Já se passaram vinte séculos e o pilar continua em pé.

Sim, continue a evangelizar, o pilar está em pé.
Nossa Senhora do Pilar, rogai pelos evangelizadores.

Chegamos em Madri, já é noite

MUITO PRAZER

Já em Madri, jantei com a portuguesa do grupo. Disseram que não era simpática, ficava isolada e que preferia assim.

Não tivemos escolha senão conversar.

Pa-daqui, pa-dali.

Fui até meu quarto, peguei meu livro *Deus e eu: um caso a ser contado* e dei para Maria Teresa.

Ela ficou emocionada. Tentou dizer algo sobre como deve ser a experiência de alguém que se relaciona com Deus.

E saiu sem saber se iria dormir sem ler meu livro.

Deus quis assim.

Amém.

MADRI
09/10/2022

Panorâmica.

Hoje terá corrida de cachorros e vimos muito movimento nesse sentido. Museu Reina Sofía, Museu do Prado, Cabeça da Júlia, Plaza de Castilla.

Plaza de Castilla com as duas torres Kio — as torres gêmeas inclinadas de Madri têm 114 metros, 26 andares e uma inclinação de quinze graus.

Obelisco dourado ou Obelisco de La Caja foi um presente do Banco de Madri por ocasião do aniversário de trezentos anos da Caja. Construído em 2009, foi projetado pelo arquiteto Santiago Calatrava e tem 92 metros de altura. Seu formato foi inspirado na coluna do infinito do Constantin Brâncuși.

A Caja Madrid era a mais antiga das caixas de poupança espanholas. Foi fundada em 3 de dezembro de 1702. Em 30 de julho de 2010, a Caja Madrid assinou um acordo de fusão com outros seis bancos de poupança para formar o Bankia.

Caminhada por Madri: ruas antigas, Porta do Sol, Praça Maior, Praça do Oriente.

O Palácio Real foi residência de todos os reis por muitos anos. Hoje o Palácio é usado para festas oficiais.

O Restaurante Sobrino de Botín ou Casa Botín é o restaurante mais antigo do mundo.

O prédio onde está instalado data do fim do século XVI. Foi pouco depois disso, por volta de 1620, que um cozinheiro francês chamado Jean Botín se estabeleceu na região central de Madri. Ele tinha intenção de trabalhar para algum nobre, uma vez que a corte espanhola tinha chegado à atual capital há pouco tempo. Em 1725, o sobrinho de Jean Botín, Candido Remis, abriu uma pequena pousada com restaurante ali na Calle Cuchilleros.

FIQUE EM CASA

"As viajadas", do grupo que estava na Espanha pela terceira ou quarta vez, parece que foram apenas para criticar as observações da guia, interferindo o tempo todo com comentários paralelos, tornando complicado para quem estava ali para se deslumbrar com o novo. Uma situação chata. Quando a guia apontava para um lado, elas mostravam o que tinha do outro lado e nada se via, pouco se entendia.

CULTURA/COSTUME

Caganers, bonecos defecando – são bonecos com o rosto de pessoas famosas

Por tradição, esses bonecos são usados no presépio, pois acreditam que atraem esperança, fertilização e prosperidade para o próximo ano.

Mercado de San Miguel – tapas.

Em Madri, a médica e eu fomos juntas num show de flamenco no Teatro Flamenco Madrid e no Museu do Prado. Ela providenciou nossos ingressos.

ROMPENDO PARADIGMAS

A apresentação do flamenco mexeu comigo. A dançarina que se apresentou primeiro não era bela e tinha uma barriga avantajada.
(Me reportei ao passado)/ESVAZIAR, QUEBRAR
Aos meus ouvidos, vinham comentários antigos (vozes antigas):
"É velha, que barriga! Não tinham uma mulher bonita para colocar no lugar?"
Descobri que isso nunca me importou.
Fui rompendo os paradigmas e enxergando o talento.
Foi uma luta, luta vencida. Amei a experiência.
Quanto ao espetáculo, um show!
Minha nova amiga de viagem, muito agradável.

MINHA LUPA/MINHA ÓTICA

MUSEU DO PRADO, MADRI

09/10/2022

O pintor Francisco Ribalta (1575-1628) retrata São Francisco confortado por um anjo tocando instrumento.

É neste Deus que creio
É este Deus que eu sinto
Que me mostra vida nos fatos, que entoa canto

Estando no museu, parei para descansar e tomar café; a caminhada até o museu foi longa.

Não sou apreciadora de obras de arte, não tenho esse olhar refinado. O que pode acontecer é a tela saltar aos meus olhos. Mas são poucas. Logo me canso.

Outra tela saltou aos meus olhos, do pintor Francisco Zurbarán (1189-1259), que tem São Pedro Nolasco meditando e um anjo aparece a ele mostrando a Jerusalém Celeste.

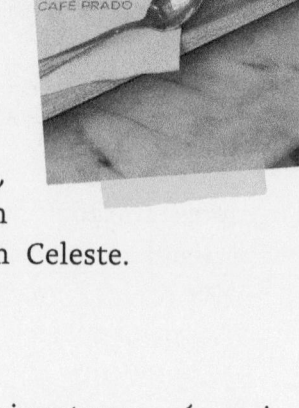

Pensei,
quando nos aquietamos,
quando fazemos conexão com o divino, experimentamos o céu aqui na Terra, com gosto de eternidade
A vida faz sentido
Ficamos inteiros/DESDOBRAMOS

VALORIZAR OS SINAIS DO NOSSO TEMPO...
10/10/2022

É o que sugere o evangelho de hoje diante das súplicas da multidão por sinais.

Jesus disse: "Uma geração má que pede sinais".

Imagine-se diante de uma pessoa com olhar profundo, palavras que penetravam a alma, que curava as dores.
Eeeeee
Pessoas pedindo sua credencial
Querendo saber sua origem.
Que loucura estar diante da plenitude e pedir confirmação.
Misericórdia!

COMUNHÃO

Estou na Espanha e, precisamente em Barcelona, ao visitar as obras do arquiteto Antoni Gaudí, me pus a pensar: a Igreja da Sagrada Família revela sua fé, ok.

Pude reservar um tempinho na capela do Santíssimo.

Fui conduzida para lá, sim, era preciso elevar um salmo de louvor a Deus pelo seu poder manifestado através dos olhos de Gaudí.

Ouso dizer que ali acontece uma via de mão dupla: Deus que cria o Universo e Gaudí que vê o Universo pela ótica divina e reproduz em suas obras.

Dispensa comentários.

Já as casas Milà e Batlló me deixaram de "boca aberta". Fui silenciando e espiando sob a ótica de Gaudí a profundidade da intimidade dele com seu Criador!

Imaginei o artista dizendo:
— Quão grande és Tu!
Ai de mim se não reproduzir através da arte as obras de Tuas mãos!

Ai de mim se não pensar em cada detalhe, em tamanha perfeição que é a natureza criada por Ti!
Se em tudo há movimento...
Se há luz...
Ar que entra e sai...
Água que flui...
Se tudo se encaixa...
Se há beleza, perfeição, delicadeza.
Eis me aqui para tatuar num espaço oferecido a mim a lindeza do Universo!
Faça-se em mim!
Faça-se através de mim! Assim seja.

#ME DOBRO/DESDOBRO

LISBOA
10/10/2022

Quase chegando em Lisboa, paramos para comer o primeiro pastel de Belém. Hummm

E logo avistamos o Aqueduto das Águas Livres, uma das poucas obras que sobreviveu ao terremoto que destruiu Lisboa no ano de 1755.

O Vale de Alcântara, com 35 arcos em ogiva, é a zona mais grandiosa.

O arco mais alto está a 65 metros do solo e tem 28 metros de largura.

É o maior arco de pedra em ogiva do mundo com a extensão de 940 metros.

Vixi, o hotel tá lotado. Sem problema.

Caminhei ali por perto, fiz comprinhas.

Algumas guloseimas para ter no quarto.

À noite terá um jantar com apresentação de fado.

Que pena, a médica não fez reserva para o jantar conosco e não tem mais lugar.

Ficamos um pouco no saguão do hotel, aguardando o horário para eu ir com o grupo.

Apareceu uma mulher falante e agitada (Catarina).

Enfim, cada uma tomou seu rumo e me juntei ao grupo.

GENTE BOA/RISO FÁCIL

Estou aguardando o ônibus para ir jantar.

Que noite deliciosa!

Conheci a Mila e sua mãe Mariângela; são muito alegres.

O show foi maravilhoso, e o jantar com vinho, perfeito.

Muita emoção.

Gratidão.

CANTOS E SEUS ENCANTOS

LISBOA/SINTRA/CASCAIS/ESTORIL/TORRE DE BELÉM/BAIRRO DE BELÉM/MOSTEIRO DE SÃO JERÔNIMO

11/10/2022

Amanheceu e o dia está chuvoso.
    Ônibus em direção a **Sintra**, seja bem-vindo, onze de outubro! Sintra é aconchegante.

CASCAIS É UM CHARME

O sol saiu.
   Dia lindo.

Lanche de atum e suco de laranja, ótimo.
Só faltou o chapéu e os óculos.
Comprei um chapéu azul.

LISBOA, BAIRRO BELÉM

O Mosteiro dos Jerônimos é suntuoso, Camões está enterrado lá.

DESCANSO

Parada para ver o Monumento aos Descobrimentos/Padrão dos descobrimentos.

    Cansei.
    O sol está escaldante.
    A impressão que tenho é de que a cama é o melhor lugar para estar nesse momento.
    Mas...
sentei num banco da praça.
"Tirei as sandálias", descansei.

LISBOA/ÓBIDOS/COIMBRA/BRAGA
12/10/2022

UM CHARME

Óbidos, muralhas, ruelas, charme. Amei.
Portugal me conquistou!

FOLIO

Três exposições celebravam José Saramago no Festival Literário Internacional de Óbidos (Folio).

O centenário de José Saramago, nascido em Azinhagas, Golegã, em 16 de novembro de 1922, e falecido em Tias, Lanzarote, em 18 de junho de 2010, estava sendo celebrado em Óbidos quando eu estava por lá. Logo na entrada da vila de Óbidos nos deparamos com o resultado do desafio de 26 artistas plásticos que aceitaram ilustrar, com desenhos originais, páginas de vários livros do Nobel português de Literatura (1998).

Na Galeria Nova Ogiva, a VII Mostra de Ilustração.
O Poder de Imaginar o Mundo.
Como seria o Mundo se eles mandassem...

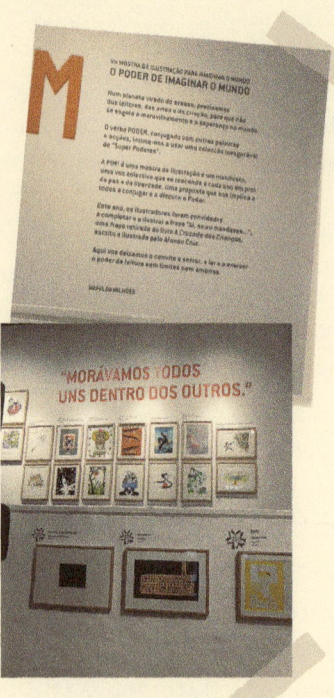

Chocolates e licores de ginja são delícias que encontramos em Óbidos.

DESENCONTRO/CANSEIRA

Coimbra, bacalhau e suco de laranja. Especial.

Gostei, mas me cansei muito. Desviei do trajeto, ladeiras sem fim.

Angústia pela possibilidade de estar desencontrada do grupo e da guia.

A comunicação entre nós falhou.

Restou pouca energia para a visita à Universidade de Coimbra. A biblioteca é incrível.

A estrutura da universidade, de 1710, é fantástica.

Hoje, de modo especial, foi dia das ladeiras e escadas.

RESPEITO É BOM E EU GOSTO

Rumo a Braga.
 Braga, já é noite.
 Estou cansada e começando um resfriado.
 Hotel Mercure, muito bom.
 Jantar gostoso, arroz, estrogonofe, salada.
 Descansar.
 Sempre, sempre, sempre, muito alongamento.

 Respeito comigo mesma.
 Tem dado bons resultados. *Gracias!*

BRAGA/SANTIAGO DE COMPOSTELA/BRAGA
13/10/2022

ESCOLHO O ÂNGULO

Indo para **Santiago de Compostela**.
 Em Santiago de Compostela, sou turista.
 Peregrino é quem caminha cem quilômetros a pé ou duzentos a cavalo ou bicicleta.
 Não importa de onde vem, Portugal, Inglaterra ou França, o que vale é chegar em Santiago.
 Muitas praças, construções fantásticas.
 Na Catedral, logo à direita de quem entra, tem uma capelinha muito antiga.
 Nesse cantinho tão pequenino, havia espaço para intimidade que, de certa forma, contava sua história (para mim).
 A Catedral é de uma riqueza, uma suntuosidade...
 Que...
 Não me reportou em nada com a espiritualidade de Santiago.
 (Vi uma obra de arte)

Em Santiago almocei bem e tomei um bom café.

Parada em **Porto de Lima**, uma cidadezinha charmosa com 5 mil habitantes.

Tomei limonada com framboesa num café, em que fui atendida por dois brasileiros.

BRAGA/GUIMARÃES/PORTO
14/10/2022

Santuário do Bom Jesus do Monte/Braga
(capelinha dentro da igreja)

Na praça, tem estátuas de pessoas que foram responsáveis pela morte de Jesus.

Casa das Estampas, local para comprinhas de souvenires.
Gruta artificial inaugurada em 1902.
Café na praça.

Guimarães/Paço dos duques de Bragança

Palácio dos duques de Bragança.
Início da expansão marítima.
O teto parece embarcação.
Século XV.

Luísa Maria Francisca de Gusmão e Sandoval (1613-1666), pelo seu casamento com João IV, na altura ainda Duque de Bragança, veio a ser a primeira Rainha consorte de Portugal da Casa de Bragança.

Quando João IV consultou Luísa de Gusmão se deveria aceitar o reinado, a duquesa ambiciosa respondeu que tinha por mais acertado morrer reinando que acabar servindo:

"Antes ser rainha por um dia do
que duquesa toda a vida."
(Foi rainha por dezesseis anos)

Parada para o almoço.

Reflexão

MINHA VIDA NINGUÉM TIRA, EU A DOU

"Quem me roubou de mim?"
(Pe. Fábio de Melo)

A quem?
A que situação tenho rendido meu viver?

Diante de milhares de pessoas buscando seu caminho, nesse mundo de meu Deus
Pessoas traçando sua própria rota
Acaso me enrosquei?
Acaso encontrei um "sequestrador"...
Entrei no cativeiro...
A porta está aberta e...
Já não estico o braço para abrir a porta e...
VIVER.

No evangelho de hoje, Jesus diz para tomar cuidado com quem pode nos tirar a VIDA, e não quem pode matar o corpo
Cuidado com situações ou pessoas a quem DAMOS O PODER de nos lançar ao inferno!
"Quem me roubou de mim?"
O que me roubou a essência?
Por que a luz "fora da caverna" me assusta?

Estou em Braga, Portugal.
Do lado de fora da Igreja de Santuário Bom Jesus tem estátuas de pessoas "responsáveis" pela morte de Cristo. (Pilatos, Herodes...)
Daí me lembrei de quando Ele disse:
"Minha vida ninguém tira, eu a dou".

Esse é o Cara!
Que modelo!
Que vida! Que liberdade!

Na caminhada do centro da cidade para o hotel.
(me desliguei do grupo e fuiiii)
Gostei de caminhar sozinha.
Já é noite.

#SER

Porto

15/10/2022

Diante de um certo cansaço, almocei, não fotografei nada. Caminhei, observei.

VINÍCOLA E MUSEU, JÁ DEU!

Vinícola Ferreira

Hotel, check-in bem lento.
Fila grande.
Sentei e esperei.
Mexi nas malas.
Desci para tomar sopa.
Banho e cama.

Ahhh, enquanto estava na fila ouvi alguém ao celular cumprimentando uma pessoa pelo seu aniversário.
Ela falava alegremente desejando coisas boas.

Estou no décimo dia de viagem
Aqui em Portugal é noite, 20h22.

Tem que Tocar a Alma/Desdobrar

Estou cansada
Mas a lembrança de Santiago de
Compostela ainda está presente.
Os peregrinos dando passos em busca de
encontrar
...com o divino
...com as marcas deixadas pelo santo,
Tiago
...respostas para suas questões íntimas ou
nem tão escondidas assim
E...
Foi aí que meus pensamentos se puseram a
"dar passos"... "peregrinar"...
Peregrinos exaustos, pés feridos, famintos, desidratados, suplicantes
por um banho quentinho e uma cama
– simples e aconchegante –
Mas...

Se deparam com uma Catedral revestida de ouro, travestindo o que deveria ser divino
O que deveria trazer uma resposta pacífica para o corpo e a alma já cansados das peregrinações desta vida...
Santiago, rogai por nós!

DEVAGAR E MAIS UM POUCO

Aniversário da maluquinha do grupo, Catarina.
   Felicidades, filha amada de Deus!

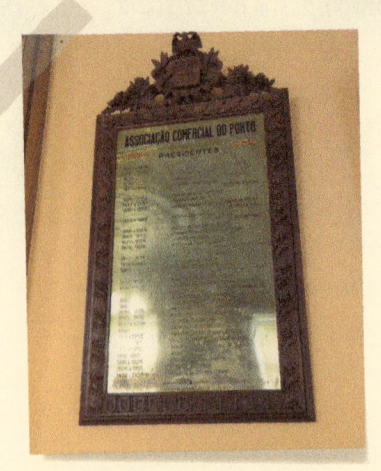

Palácio da bolsa (1842).
(acho que já chega de tanta informação, não cabe mais histórias e fofocas)
E quando penso em não visitar o Palácio... Acho que já vi coisa demais... me surpreendo!
O Palácio é lindo!

Espaço para os comerciantes,
Associação comercial, antigo convento, Salão de São Francisco,
Sala do Tribunal,
Sala de telégrafo,
Sala dourada, teto dourado,
Sala Árabe, sala de reuniões

Prazer

Hoje foi dia de relacionamentos,
com o casal de Alegrete, duas novas amigas de viagem,
e o mexicano com sua esposa.

Foi alegre.
É libertador decidir até onde quero ir!
Rir e conversar no ônibus, nas visitas às igrejas e monumentos.
E...
De repente,
Dizer,
Até logo
Tô indo por aí
(Isto se deu exatamente quando começaram a dizer: vamos almoçar aqui, ali, acolá, e eu dei um até loguinho)

Gratidão, Deus de minha vida!

Gentileza

No grupo a que me juntei havia um homem que despertou em mim curiosidade.
Júnior, ele se juntava com algumas senhoras, era gentil, mas não se metia nas conversas o tempo todo.
Era o discreto agente de viagem delas.
Gostei da postura do Júnior durante a viagem.

Rio Douro.
De um lado, Vila Nova de Gaia, e do outro, Porto.

Santuário de Nossa Senhora de Fátima

16/10/2022

Ele estava no meio de nós

E nos aventuramos a imaginar a experiência daquelas crianças que, no ano de 1917, foram visitadas por Nossa Senhora:

Lúcia, Jacinta e Francisco.

Lúcia tinha dez anos e era a mais velha.

Diante dos fatos, dos momentos de íntima oração e da busca de também fazer a experiência com o céu, foi construída, ali naquele local, a basílica menor e, no ano de 2007, foi inaugurada a igreja nova que acomoda oito mil pessoas, a Basílica da Santíssima Trindade.

Participei da missa celebrada pelo bispo na Basílica da Santíssima Trindade, e, embora pareça estranho o que vou dizer, é fato: o bispo deu espaço para Jesus participar da missa.

Nessa celebração vi a Comunidade Fé e Luz, que estava ali presente. Essa Comunidade que acolhe pessoas com deficiência mental iniciou suas atividades na França e atualmente há 71 países engajados.

Gratidão a todos que permitem que ali seja um Santuário.

Gratidão ao bispo que deu a Jesus o lugar Dele.

Gratidão à Comunidade pelo testemunho de amor.

Portugal

(minha prece)

Senhor, quero falar da paz, da alegria de estar em Ti
Desse privilégio que sinto agora, da Tua santa presença
Senhor, que as crianças que vivem nos dias de hoje possam experimentar também,
eu Te peço
Senhor, assim sendo, eu creio num mundo novo

Senhor, não Te peço um novo sacrifício
Não Te peço uma palavra mágica
Já temos tudo de que precisamos
TEMOS A VIDA
Temos a Tua Santa Presença no meio de nós
Teu Corpo e Sangue para nos alimentar
Tua Palavra de Salvação
Peço, pela intercessão de Nossa Senhora de Fátima, que seus pequeninos não sejam confundidos
Não fiquem distraídos
Não sejam reprimidos
Não fiquem entorpecidos pelas drogas eletrônicas

Nossa Senhora de Fátima, intercedei por nós.

Estou no ônibus

ESSÊNCIA

Ontem no jantar, no show português, a Ernestina postou: "estou jantando ao lado de uma pessoa maravilhosa, Marise".

Quando entrei no ônibus, uma senhora japonesa disse a outra: "ela é linda e simpática".

É tão gratificante que vejam minha alma.

Gratidão, vida.

17/10/2022

"Viver é despertar", Dra. Filó (pediatra de BH).

Deus e Eu

Quem não me conhece e começa a perceber que me comunico com o divino...

Quando conto que sou católica, é o primeiro susto
Quando digo que me converti na minha própria religião, falo da "minha conversão" de católica por tradição para católica por opção, por conhecer a riqueza da minha fé, é o segundo susto.

Durante a viagem a Portugal (outubro de 2022), um mexicano, quando soube que eu era escritora e que meu livro publicado era de cunho religioso, me perguntou: "tem testemunho?".
Eu disse, sim.
Testemunho da minha experiência com Deus.
Ele ficou sem palavras.

Não é interessante que vivamos de forma tão distraída?
Tão automática?
Tão copiada?
Tão cheia de pressupostos e paradigmas?

Às vezes, quando vejo uma pessoa com fisionomia de paisagem, costumo dizer: tá precisando levar um susto! Despertar!/
DESDOBRAR

Daí veio a pandemia, deu um susto em todos os terráqueos
E...
Ainda levo susto com pessoas tossindo e espirrando na minha cara.
(aconteceu no ônibus)
Opsss.

Estamos precisando levar um susto de encantamento com a vida!
Encantamento com o viver!

Eu sei que dá trabalho cuidar da própria vida
Fazer boas escolhas
Gostar de mim mesma
Cuidar de mim com carinho
Olhar para mim e agradecer pela oportunidade de escrever uma história interessante, eu sei que dá trabalho.

Mas é divertido!
É magnífico!
Tem sabor... de vida.

Acho que já deu
Já deu tempo de despertar para a VIDA
para o BEM VIVER

O que você acha?

Gostaria de ter ido

NÃO FOI DESSA VEZ
— Livraria Lello, no Porto: contam que foi lá que J.K. Rowling começou a escrever os livros da série Harry Potter.
— Cafeteria Majestic, no Porto, uma das dez mais bonitas do mundo.

Aveiro

Que encanto de cidade!

A Veneza portuguesa.

Avistei o estádio de futebol, um ninho de cegonhas, uma fábrica de cerâmicas. É uma cidade industrial.

Passeei pelos canais de Aveiro num barco moliceiro. Devo dizer que foi uma dessas experiências repletas de boas emoções.

Emoção

17/10/2022

Dia livre em Lisboa

Fui na Praça do Comércio com Mila e Mariângela.

Caminhamos pela rua Augusta, avistamos o elevador Santa Justa, almoçamos, tomamos sorvete e nos despedimos. Companhia agradável, leve.

Agora estou na Praça do Rossio, tomando água e deixando o tempo passar.

Agenda livre dá uma sensação gostosa de liberdade.
Gratidão!

Terça-feira, último dia de viagem

18/10/2022

Hotel Roma: popular, turístico, simples, massss que não me deu trabalho.
Senti-me acolhida.

Sairei de Lisboa/Madri às 17h.
Madri/Guarulhos: 23h30.

Malas fechadas.
Noite bem-dormida.

DEU TEMPO
Descansada.
Vou ver se consigo fazer o passeio de elétrico.

Sim, deu certo e o motorista foi incrível!

Saímos do Largo do Chiado e fomos nos encontrar com Nossa Senhora do Monte. Lá em cima do monte, o atencioso motorista se ofereceu para tirar fotos. Aceitei que fizesse alguns registros, mas era o momento de respirar e sentir um pouco do efeito de tantas cenas, sons, cheiros, sabores, informações se formando dentro de mim. Fiquei um tempo lá em cima olhando para baixo e deixando os momentos se acomodarem com calma em mim.

Catedral de Lisboa.

Amém. Assim seja.

Gratidão

Quinze dias de passeio e
   Não senti fraqueza durante toda a viagem
   Tomei muito vinho e cerveja
   Comi muito peixe e doces
   O cansaço do dia sempre foi compensado com uma boa noite de sono.
   Dores, só no dia em que cheguei pelas longas caminhadas nos aeroportos.

   Por duas vezes me distraí com meus pertences.
   No aeroporto de Lisboa, já vindo embora, no Café Paul, num dado momento, levei um susto ao ver a mala de mão ao meu lado. Tão cedo não iria sentir falta dela. A esta altura da viagem carregar um fardo não é nada bom.

   Outra vez, eu também estava cansada e sentada no shopping do Porto comendo uma Pizza Hut e deixei uma sacola no banco do meu lado, toda largada, pra quem quisesse levar.
   Ninguém se interessou.
   Gratidão!

   Aeroporto de Lisboa, o voo está atrasado, trinta minutos.
   Pausa para o café.

Hotel no aeroporto de Guarulhos, foi restaurador

FAZER ACONTECER
Não sei exatamente quantas horas faz que dormi numa cama e tomei o último banho. Calculo trinta horas. É que tem fuso horário, então vai dar trabalho pensar nisso agora.
Sei que, especialmente depois de passar pelo gigante aeroporto de Madri, estava muito detonada.

As salas *vips* não deram certo e fui para o hotel no aeroporto de Guarulhos.
Fala sério, banheiro, banho, lavar cabeça, roupa limpa e cama.
Duas horas de relax.
Affff
Agora dá pra esperar pelo último voo e lar doce lar!
O tempo de espera para o último voo foi de nove horas.

GRATIDÃO
Minha mãe no aeroporto!!!!
Que privilégio!
Que bênção!
Esperando com flores, frutas, sopinha, bolo e muito carinho!!!
Gratidão!

Loucura total:
Transporte = mudar de lugar

E foi assim meu último dia de viagem partindo de 🇵🇹 Lisboa, 🇪🇸 Madri, 🇧🇷 Guarulhos, SJRP 🇧🇷🇧🇷🇧🇷

*Hotel, meu quarto ➡ para café da manhã # ELEVADOR
*Hotel ➡ Praça do Comércio # 🛺 TÁXI
*Bairro Alto ➡ # FUNICULAR
(Miradouro da Senhora do Monte/Catedral de Lisboa/Chiado)
*Hotel ➡ # 🛺 TÁXI
*Aeroporto de Lisboa ➡ # VAN
*Lisboa/Madri ➡ # AVIÃO
*Aeroporto de Madri
SÓ POR JESUS 🙏•• ⏩⏫⏬🔄

Madri
💥 dentro do aeroporto:
1- 👣 Caminhada,
2- 😮🚌 ÔNIBUS,
3- 🌀⏬⏬ ESCADAS ROLANTES (desci uns cinco lances),
4- 🚆 Trem,
5- 🌀⏫⏫ ESCADA ROLANTE (subi os cinco lances),
6- 👣 👣 + ou - dez ESTEIRAS ROLANTES (pra ajudar um pouco)
7- AVIÃO 🇪🇸 ✈ 🇧🇷

Emoções

Gaudí, casas e igreja
   # alguém que olhou a criação

Flamenco
aparência não prevaleceu

Óbidos, charme local, literário, artesanato
lugarzinho esculpido

Fado
apreciar o todo: companhias, comida, local, músicos, músicas

Porto, hotel
quando me afastei para tomar sopa ao som de jazz

Aveiro, moliceiro
deslizar pelas águas com um cenário incrível ao redor

Missa em Fátima, a essência sem rebuscado, palavras do bispo
o bispo, celebrante, deu espaço para Jesus participar da Missa

Meu livro
mexicano e portuguesa apreciaram

Rua Augusta, rua bonita, gente bonita
deu vontade de respirar

   Funicular, o motorista muito simpático e sensível. Não forçou passeios, me ajudou a me despedir de Portugal. O monte com visão do alto de Lisboa, a igrejinha de Nossa Senhora do Monte. A parada na Catedral. Espiar as ruelas e ladeiras. Foi fantástico.
   # despedida em grande estilo

Ângela (guia) e Bruno (motorista)
profissionalismo e leveza

OPORTUNIDADE PARA GENTILEZAS

*Dar amendoim para a faxineira no aeroporto de Madri
*Livro para Maria Teresa
*Cíntia, camareira no hotel em Madri, dei a ela tênis e roupas que já não cabiam na mala
*Lisboa, camareira de Roraima, bolsas, roupas e cosméticos, $
*Guia Elisabete e motorista Bruno $

22/10/2022

O que mais tem para descobrir?
Para tirar o véu
E.../DESDOBRAR

Fui "descobrir Portugal"
E por que não?
Na margem do rio Tejo vi o monumento que presta homenagem aos Descobridores, 33 personagens da era dos descobrimentos.

Cabral e eu.
Lisboa, rio Tejo, Cabral e eu.

À beira do Tejo,
um bom lugar para refletir:
Se eu me aventurar...
O que descobrirei?
Se eu tirar o véu...
Se meus olhos se abrirem...
Sairá porventura um grito entalado da minha garganta
"Terra à vista!"

?????

Cabral, isso me pertence?
Essa experiência pode entrar para meu currículo?

Cabral navegou
Eu, voei

Voando de volta, cheguei nesta terra que "tem palmeiras onde canta o sabiá".
Nesta terra verde e amarela despertei pela manhã e fui para a capela da Catedral,
tinha um encontro marcado, não com Cabral,
mas com Jesus,
Aquele que sempre se revela quando me aquieto e abro os olhos

Fui tirando as sandálias
para pisar no território santo
e Ele, que nunca me decepciona, falou logo ao meu coração:

– REVELAÇÃO, as pessoas me veem, tiram fotos e não revelam/ NÃO DESDOBRARAM
– GRATIDÃO, as pessoas agradecem com os lábios e logo em seguida reclamam de tudo

Tirem o véu que impede que me vejam!
Tenho muito a revelar para vocês!
Reservem tempo para apreciar a natureza!
Percebam os detalhes!

CONVERSÃO,
sim, sim
a receita para os descobrimentos está na mudança de rota, precisa avançar, precisa ousar
Precisa tirar o véu para ver a VIDA

Viajar... Não é tanto para onde se vai, tem mais a ver sobre QUEM se leva para outro lugar.

#DESDOBRAR

Dubai: ri pela metade da minha vida

DUBAI, LÁ VOU EU

28/12/2022 – 03/01/2023

Com meu eu pacificado
Sim, percebo que estou conectada comigo, sem o desejo de resolver tudo à minha volta.
Tô na poltrona do meio.
Não tem apoio de pé e o assento é o mais duro que já usei.
Como será no decorrer das catorze horas de voo?
A melatonina nem sabe que meus olhos estão piscando para ela.
Então aproveitei que meu vizinho se levantou e fui me alongar. Pedi a um comissário de bordo mais um travesseiro e sentei em cima dos dois.
Ficou melhor.
Consegui dormir.
Não sei que horas são, recusei o jantar e preferi dormir.
O café chegou.
Foi bom.
Já fiz várias viagens, mas foi no voo para Dubai que usei a TV do avião pela primeira vez. E tudo bem, cada pessoa tem seu tempo e aperta os botões no seu tempo.

CURIOSIDADES

— Em Dubai existe o **Ministério da Felicidade**, que tem a finalidade de promover a felicidade entre os residentes dali e entre os outros seis emirados.

— Por ali não é incomum tomar **Café com ouro**. O fato é que podemos comer e beber ouro de verdade. O ouro puro, sem nenhum outro metal, não agride o corpo humano. É facilmente digerido no organismo, sendo reconhecido pelo seu feito sobre as atividades do coração, auxiliando na circulação sanguínea.

Portanto, de acordo com vários estudos, pode beneficiar o rejuvenescimento lento dos órgãos, especialmente o cérebro e o sistema digestório.

Pois é, esse estilo de vidinha saudável não é pra qualquer um.

— **No hotel 7 estrelas Burj Al Arab**, Torre Árabe, é possível saborear o cafezinho com ouro. Entendeu?

Esse hotel é folheado a ouro. Folhas de ouro de 24 quilates cobrem aproximadamente 1.790 metros quadrados dos interiores do Burj Al Arab. Em formato de vela, o hotel está localizado em uma ilha particular, com acesso por meio de uma ponte.

— Dubai Mall, o **maior shopping do mundo**, está localizado no Complexo Burj Khalifa, com extensão de 500 mil metros quadrados. O centro comercial atualmente conta com mais de 1.400 lojas, restaurantes e atrações.

— O relógio da Grande Mesquita, em Abu Dhabi, **marca o horário das cinco orações e a hora do nascer do sol**. Cada reza dura de cinco a dez minutos. Ele marca ainda duas datas: a do dia e a do ano da migração do profeta Maomé de Meca para Medina.

Dubai/Abu Dhabi e seus encantos

30/12/2022

Nós estávamos lá
Lá na Mesquita de Abu Dhabi
Nós cinco
Seguindo o protocolo,
todas "embrulhadinhas", apenas o rosto de fora

E veio o vento fazendo surgir o cabelo da morena
Embrulha
Embrulha

E o vento voltou para me descobrir
Foi um ahhhhhhh geral, que saiu da boca delas que correram para me embrulhar
Uma por todas
e
Todas por uma

Dubai,
Viemos ver teus encantos
Respirar teu ar
Viver tuas emoções

Quantas emoções!
Risos

Troco atrapalhado
Sacolas pesadas
Uau

Seja você
31/12/2022

Estou em Dubai

Diante dos meus olhos
estão projetos grandiosos que saíram do papel

Luxo, brilho, "dinheiro em penca"

Se você tivesse muuuuuito dinheiro,
O que faria?

Alguém por aqui sonhou Dubai ✓
Administrou seu tempo ✓
Projetou Dubai ✓
Investiu seu dinheiro no seu projeto ✓
Fez Dubai acontecer ✓

Se você tivesse tempo?

Em Dubai, gasta-se dinheiro e tempo
Se você tivesse a coragem de administrar o seu tempo
Otimizar seus momentos
Quem você seria?

Em Dubai tem ouro brilhando em todo canto
Se você valorizasse a luz que há em seu interior, o que o mundo ganharia?
Que brilho o Universo ainda está a ansiar?

Se você sonhasse, tal como tem o direito de sonhar
Se você agisse, tal como tem o direito de agir
Se você brilhasse, tal como nasceu para brilhar
Se você surgisse, tal como sua essência anseia há tanto tempo

O Universo acolheria sua essência?
O mundo seria melhor?
O Universo merece ter o seu melhor em 2023
Seja você

#DESDOBRAR

Chegamos juntos, 2023 e EU

01/01/2023

Para
Caminhar juntos
Perceber as sutilezas do agora
Sonhar
Sentir
Tocar
Cheirar
Saborear
VIVER

Caminhe, Marise!
Seja!
Aconteça!
Decisão, ser feliz
Aconteça!
Decisão, ser feliz.

On co tô?
On co vô?

02/01/2023

Já faz um tempinho que, no deserto da Judeia, algumas pessoas andavam de um lado para outro buscando uma resposta. Cercaram João Batista e perguntaram:
— Afinal, quem és tu?
A resposta foi direta e objetiva:
— Eu não sou o Messias!
Confessou e não negou!
— Eu sou a voz que clama no deserto, aplainai o caminho do Senhor!

Ano 2023

Subo no prédio mais alto do mundo (828 metros), Burj Khalifa, vejo "um deserto aplainado"...
E "penso com meus botões"

— João Batista sabia quem ele era e para quê veio
— Jesus sabia que Ele era o "Eu Sou", e para quê veio
— Sheikh Rashid bin Saeed Al Maktoum sabia quem ele era e veio para iniciar o desenvolvimento de Dubai

Desço do Burj Khalifa e penso:
Eu sou...
Eu vim para...

On co tô?
On co vô?

O ano termina e nasce outra vez!

Vou viver as emoções de aplainar o caminho

Vou viver as emoções de me conhecer, me respeitar
Nascer outra vez
Onde eu estiver
Por onde eu for

#DESDOBRAR

Encantos do deserto

03/01/2023

Eu vivia no deserto, mas não conhecia seus encantos...
só percebia seu vazio

Depois de percorrer trilhas que pareciam dar em nada, passei a perceber que o pôr do sol sempre esteve em cada final de dia, piscando para mim, dizendo: amanhã voltarei só pra te ver e te aquecer.

O deserto tem seus encantos, mas nem sempre nos dá o tempo necessário para respondermos se queremos o passeio do dia com emoção ou sem emoção!
E nesta hora, se estivermos rígidos ou tensos...
é provável que entremos em pânico sem a menor chance de administrar o percurso.
E as contraturas musculares dirão: *Hello*!

No "pacote" dos encantos do deserto tem:
pé na areia,
sol que aquece,
vento que deixa os cabelos soltos,
noites frias que sugerem
uma fogueira
que
ajunta as gentes.

O deserto pode ser habitado por sensações ímpares, suaves, repositoras de energia boa, como que um suplemento para encarar o retorno
ao ruído das metrópoles
das redes sociais
dos insaciáveis

#ESVAZIAR

Marise, como foi levar você para esse passeio?

03/01/2023

De 0 a 10

Seu passaporte teve mais carimbos positivos ou negativos?

Você foi uma boa companhia para você mesma?

Até dá pra brincar de completar

— meus olhos brilharam quando...

— eu ri muito quando...

— quando comi... foi bom demais

— e aquele passeio lá...

— no fim do dia, ao entrar no meu quarto, eu...

— a mala foi...

— e se tem uma coisa que não vou repetir é...

— a melhor foto foi...

— e quando deu meia-noite do dia 31 eu...

A próxima viagem poderá ser ainda melhor!
Levarei na bagagem o que tenho de mais incrível
MEU EU bem mais leve e com o maior respeito por mim mesma

Sempre vai dar pra melhorar um tiquinho
Papai do Céu me fez no capricho e com infinitas possibilidades.

Ri muito

03/01/2023

Pedi silêncio
Decidi que preciso falar inglês
(É que não consegui jantar no hotel por falta de comunicação.
A solução foi me dirigir ao shopping para lanchar.)
Conheci pessoas interessantes
Repensei os desconfortos

Nunca será perfeito, mas poderá ser sempre melhor:
Assento do avião
Deserto
Refeição no hotel $ moeda que não trocava
Queima de fogos na virada do ano
Passeio de barco que não consegui fazer porque o cartão não foi aceito.

Te contei, não? (Lembra dessa música?)

05/01/2023

Então vamos contar as aventuras de Dubai cantando:
Te contei, não?
O grupo de viagem foi fantástico!
Te contei, não?
Animados, alegres, companheiros!

Dubai faz acontecer
Me deu a conhecer três mulheres divertidas, viajadas, livres
Eeeeee
Te contei, te contei, te contei?

Entrar no mar do Golfo Pérsico é de tirar o fôlego!
Te contei, não?
A Grande Mesquita em Abu Dhabi, impossível de descrever
Te contei, não?

O véu da Simone voou e ela ousou fotografar com o cabelo exposto!
Te contei, não?
Pegaram seu celular e apagaram as fotos
Vai arder no mármore do inferno!
E a Denise estava com o tornozelo à mostra
Que absurdo!
Calçaram logo uma meia nela!

Depois não diga que não te contei!

The Gold Souk
Brilha, brilha, brilha
Mas gostei não.
Não diga que te contei
Ouro amarelo demais
Eita exagero!
Te contei, te contei, te contei?

A Veneza de Dubai
Ai ai ai
Te contei, não?
Um sonho!
Restaurante The Meat Co., ali na beiradinha!
Garçons divertidos

Brusqueta com caviar
Salada caesar
Ahhhh
Depois não diga que não te contei!

The Miracle Garden é o paraíso
Lindo demais
Não diga que não te contei!

Te contei, não?
As placas dos carros revelam quem está conduzindo
Se tiver cinco números, imigrante
Quatro números, nativo
Três números, ricos
Dois números, parentes do sheik
Um número, sheik

Te contei, não?
Nem o deserto está deserto!
Tanto movimento
Bugs, 4x4, fotógrafos
Tanto solavanco no 4x4
O camelo não me cativou, já tinha sido sacudida dentro do carro "nas estradas do deserto"
O pôr do sol...
Não vai dar pra te contar
Jantar no deserto com shows incríveis!

Burj Khalifa, um deslumbre de 828 andares!
Tudo bem que me contaram que o acesso seria nos pisos 124° e 125°
Me contaram, mas o Tico e Teco ficaram desconectados
Subimos, mas não tudo
Tico ficou no 124° e Teco não lembrou que ainda tinha 125° para ver a Palmeira Jumeirah

Pra pisar no chão de vidro
Vi metade, mas vi
Nem me lembre que não me contei

Voltei e tô aqui pra te contar
Tô pronta pra evoluir voando, arrumando malas
Te contei, te contei, te contei?
Tem que evoluir, sempre ver além
Sentir, perceber
Sempre atenta pra viver as emoções e ter o que contar
Minha *coach* que contou!
Te contei, não?

Patagônia Argentina

*viajar só, liberdade de decidir onde,
como e quando ir, conhecer pessoas*

ESPETÁCULO DE CENÁRIOS, GRUPO DE VIAGEM LEGAL

16/01/2023 – 27/01/2023

**S|RP/RJ/BUENOS AIRES/USHUAIA/
EL CALAFATE/RJ/S|RP**

O Fim do mundo!

Pra onde?
Fim do mundo

Quando?
Já já
Com quem?
Vou me juntar a um grupo no Rio de Janeiro

Lá vou eu

*"Ô leva eu
eu também quero ir"*[41]

É que sinto uma saudade de lugares que nunca fui...

*"Andar com fé eu vou
que a fé não costuma faiá"*[42]
Com fé
novos amigos
novos roteiros

É que...
Ah...
Sabe...

O mundo me atrai do começo ao fim
Fim do mundo
e
começo de re-começos

Bora expiar
mais um pedacinho
do mundo de meu Deus

---

41 "Leva eu, sodade", Nilo Amaro e seus Cantores de Ébano.
42 "Andar com fé", Gilberto Gil.

PREPARATIVOS
15/01/2023

Diante da agitação de várias viagens seguidas, fiz opção por deixar essa viagem acontecer sem planejamento, tipo, "Deixa a vida me levar..."

Mas... entendi sua mensagem, Gressiqueli, minha *coach* preferida kkk

Sim, é preciso um pouco de organização e pesquisa sobre o que o passeio tem a oferecer.

Adentrando meus pensamentos, nas minhas sondagens, já "sobrevoei" Buenos Aires, Ushuaia e El Calafate.

Tá tudo belezinha.

...tudo bem que para fazer conversão de moeda precisei de inúmeros ensaios que... não resultaram em sucesso.

Mas vamos em frente.

É cada rasteira, só por Jesus!

Tô no processo de acalmar o corpo

Dor nas mãos, pés e quadril

Deve ser abstinência de aeroporto kkk

Bora voar.

AZUL S|RP/CAMPINAS/RJ — 16H30
16/01/2023

Fim do mundo, lá vou EUUUU

No Rio de Janeiro, devo me dirigir ao setor de embarque no segundo andar, saindo pelo Portão D, e ali encontrarei uma van que me levará ao hotel do aeroporto.

Hotel Linx, próximo, bom serviço, van 24 horas.

AVENTURA

Foi uma bênção! Encurtei caminho. Quando estava no aeroporto do Galeão, já a caminho de Buenos Aires, andei de carrinho elétrico. *Iabadabadu*, me senti como os personagens Barney e Fred da Série *Flinstones* (1960-1966).

PESQUISA

Cassino Porto Madero — pelo fato de não ser permitida por lei a instalação de cassinos em Buenos Aires, foi usada a estratégia de instalar um cassino flutuante de três andares no Barco Estrella de la Fortuna, sendo necessário apenas atravessar uma ponte. O barco fica ancorado sobre o Rio de La Plata, no porto que não faz parte de Buenos Aires. O cassino foi aberto em 1999, e atualmente se chama Cassino Buenos Aires.

BUENOS AIRES

Estou cansada, no hotel, e precisando administrar a confusão de moeda que não me orientaram. E eu bem que pedi orientação, mas a agência ignorou minhas dúvidas.

Não cabe "choro nem vela", apenas administrar e agir.

Noite, caminhada até o Café Tortoni. Lindo!
Saboreei churros recheados de doce de leite com chocolate quente.

BUENOS # ESTAVAM OS # AIRES
19/01/2023

City tour
    La Estancia (churrascaria)
    La Ventana (Michelangelo tango)

Lá estávamos nós!
Quê? Quanto? Como assim?
Quanto é o PESO na REAL?

Casa Rosada
Plaza de Mayo
Catedral Metropolitana
Casas coloridas/La Boca
Caminito
Mafalda
Floralis Genérica
Palermo
Casas exquisitas (mansões lindas)
El Ateneo

San Martin # Gardel # Evita
Maradona # Giorgio Bertoni # Messi

"Por uma cabeça..."
"E tudo à meia-luz..."
"Carlos Gardel, Buenos Aires..."

La ventana/Michelangelo
Logo nos envolvemos com o ambiente
E adentramos o teatro para perceber o envolvimento
de corpo, alma e coração dos músicos, cantores e dançarinos
Um show!

Show mesmo foi
respirar da emoção que o pianista, de modo especial,
se entregava, vibrava e alegrava a noite!
Show foi acompanhar os corpos, pés, mãos e olhares
dos dançarinos quase que a nos colocar no palco
para ter também o prazer da dança!
Show foi apreciar a bela jovem com seu parceiro
Num desafio frenético de tambor e malabarismo a nos contagiar.

Bom também
Envolver-se com as dicas de viagens...

Depois do Fim do mundo...
Bora explorar o início dele.

PESQUISA

Patagônia — derivada de "patagões", nativos chamados de "pés grandes" pelos europeus. As pegadas, na realidade, vinham das botas produzidas para proteger do gelo.
    Glaciar, também chamado de geleira, é uma grande massa de gelo que se forma nas montanhas durante um longo período de tempo, podendo levar até trinta mil anos para se construir. Os glaciares são mais comuns em locais onde ocorre acúmulo de neve. Esse fenômeno precisa ser superior ao processo de degelo na região.

    Glaciar Perito Moreno tem trinta quilômetros de extensão, cinco de largura e chega a ter sessenta metros de altura.

    El calafate — frutas roxas com flores amarelas.
    O Lago Argentino é o maior e mais austral dos grandes lagos patagônicos da Argentina. Fica situado na província de Santa Cruz. Em seus braços ocidentais deságuam vários glaciares, entre

os quais se destacam o Glaciar Perito Moreno e o Glaciar Upsala. Na sua margem, situa-se parte do Parque Nacional Los Glaciares e se encontra a cidade de El Calafate.

Terra do Fogo ou Ushuaia, Laguna Esmeralda em Ushuaia. Em razão da origem glacial, deixa um pó mineral que dá a cor esmeralda ao lago, que tem de duzentos a setecentos metros de profundidade.

O lago foi descoberto e explorado pela primeira vez por Francisco Pascasio Moreno (1852-1919), em 1875.

QUÃO GRANDE ÉS TU!
20/01/2023

Viajo para contemplar as obras de Tuas mãos

>Uauuu
>Ushuaia
>Universo
>Que se estende diante de mim

>*"O maior pintor do mundo está pintando a minha história"*[43]

>Segue pintando com cenários que escolho ver

>Com o céu que escolho voar
>A terra que arrisco pisar
>A escalada diária
>A ladeira que desço
>O ângulo que fotografo

>Registrando os sabores
>Odores
>As cores

---

43 "Pintor do Mundo", Pastor Lucas.

Amores
Tirando o foco das dores

Sigo a contemplar
Permito-me

#DESDOBRAR

"Com que roupa eu vou, com que roupa eu vou?"[44]

21/01/2023

...pois eu quero me aprumar

Nada a ver

Viajar... talvez...
Quem sabe...
Tenha mais a ver com
QUEM EU LEVO PRA VIAJAR
Que EU despacho pra esse mundo de meu Deus?
Ora sem passaporte
Ora sem visto
E
Por vezes
Desisto

De mim...
Não posso!!!

---

44 "Com que roupa", Noel Rosa.

Tudo passa
22/01/2023

Ahhhh
Sério

Portanto...
Dica de quem chegou ao
Fundo do poço
Sem desistir de buscar
Buenos Aires
Mirando sempre além do horizonte
E o principal, sendo para mim mesma,
A melhor companhia

Escolha os melhores ângulos para sair nas fotos

Busque lugares que te levem além do horizonte

Não se deixe conduzir pelo marasmo dos outros

Estender a mão, ok
Oferecer ajuda, ok

Mas
Não permanecer com os que desistiram de evoluir!

Atenção passageiros com destino à
VIDA EM ABUNDÂNCIA,
A vida segue, não se distraia!

Bora me reencontrar
Levar meu MELHOR EU

E boa viagem

#SER

Bom diaaaa daqui do Fim do mundo, Ushuaia

22/01/2023

Fiz um passeio de trem chegando no limite do fim do mundo kkk
Estive no "último correio do mundo", com direito a carimbo no passaporte.
Esse trem, ou melhor, nesse trilho por onde passa o trem atual, os prisioneiros cortavam lenha e transportavam para onde hoje é a cidade de Ushuaia. O antigo prédio do presídio virou museu.

Ontem fiz passeio de catamarã, vi o Farol do Fim do mundo, lobos marinhos, pinguins de oitenta centímetros andando desengonçados, mergulhando, nadando.

Dentro do catamarã é quentinho, mas lá fora faz onze graus, com muito vento.

Tudo lindo.

Perito em Glaciares Perito Moreno

23/01/2023

Bendito seja quem te designou a esse gelo que vem bem lá de baixo e desponta acima do lago,
podendo atingir sessenta metros para o alto e 120, onde não se vê

Geleira que, para contrariar as outras, aumenta com o tempo
Ah, o tempo...

A neve que cai sobre ela se encarrega de alimentá-la
E ela,
ela encanta a todos
Sendo que alguns são privilegiados quando testemunham uma parte dela se desprender, fazendo um ruído e o espetáculo é indescritível

Glaciar
Geleira
Beleza única a iluminar os olhos
Aquecer os corações expostos à temperatura de oito graus, sensação térmica de seis
E o que dizer das emoções...

Aqui dentro do coração
Vez ou outra
Caem flocos de neve
Por vezes, tão silenciosos
Tipo, enganador.

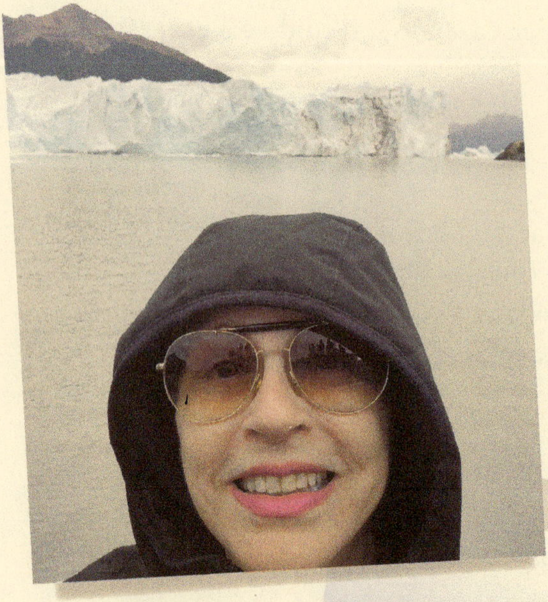

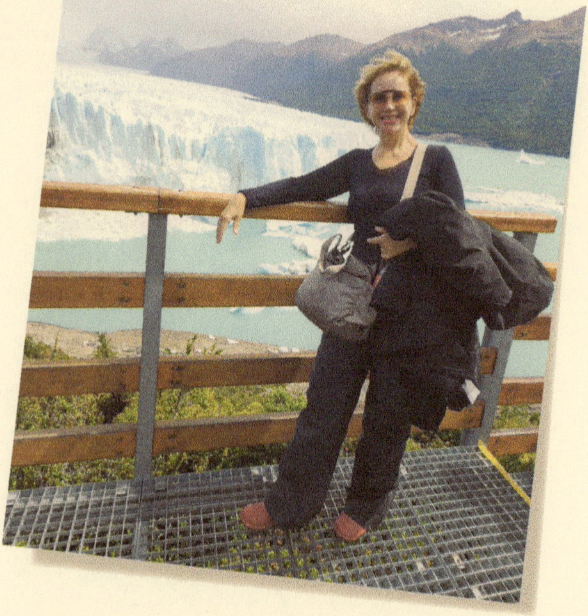

Perito Moreno

24/01/2023

Perito em
Sensibilidade
Investigação
Humanização

Perito teve um olhar que foi além:
— pegou um fóssil daqui, outro acolá,
e juntou os achados
E foi achado!
E designado para
— olhar
— contar
O que
até
hoje...
está
a nos
encantar

Com perícia ímpar,
— achou indígenas e desejou devolver-lhes a dignidade
— achou o rio Argentina
— achou a geleira
— achou um jeito de mostrar que a criatura (indígena) merece dignidade
— mostrou a natureza que hipnotiza com seu azul celestial

O Glaciar,
— alimentado com constância pela neve
— grudado na montanha

— vez ou outra desprende-se diante dos olhos de quem ali está ou até mesmo sob as águas
e...
Caracas!

"Tostines vende mais porque é fresquinho ou é fresquinho porque vende mais?"

Sei não

É que ficamos num encantamento sem fim

Olhando para o paredão, tipo flocos ou chantilly
Sei lá
Ou para o que se desprendeu?

Rio Argentina com água
Azul?
Verde-esmeralda?

Perito não deixou essa resposta
Apresentou-nos a certeza do encantamento!
Simples assim

El Calafate

Um charme!
    Uma pena termos ficado num hotel muito bom, porém isolado.
    O centrinho da cidade é encantador, bom de caminhar e ser explorado.
    E fomos até o centrinho com a van do hotel para comemorar o aniversário de um dos amigos de viagem.

Eu já estava precisando ter o tempo sem muitas conversas, conversões de moedas e acertos de contas que nunca satisfazia o grupo.

Até entrei no restaurante com eles, mas logo falei com o guia dizendo que ia caminhar e me encontraria com eles mais tarde no hotel.

Fiz isso porque ali não haveria problema de me perder ou dar trabalho para alguém.

Ah que maravilha caminhar e sentir o lugar sem interferências!

Até que achei meu cantinho kkk

Restaurante Ovelha Negra, um charme. Pedi massa e uma taça de vinho. Tim-tim.

(O guia não guiou nada nem ninguém. Uma pena. A todo instante eu me reprogramava para não dar brecha à minha pior versão, por isso também me afastei do grupo. Tinha inúmeras coisas para curtir e me emocionar.)

Fotografar X Experienciar

22/09/2022

Fotografou?
Registrou?
Sentiu
enquanto documentou...

Viajou ou documentou?
Viajou ou trouxe lembranças do interior das barraquinhas...

Viajar
Estar

Assinale o que te representa

Palavras do Google
( ) Turismo, vem do francês *tour* = volta ao mundo
( ) Turismo, do latim *tornare*, fazer dar a volta, polir, girar em torno
( ) Excursão, do latim *excursio*, exploração, corrida para frente, exploração
( ) Expedição, do latim *liberar*, livrar os pés das correntes

#DESDOBRAR

Gratidão

Ao meu passado, às viagens feitas com **meus pais e irmãos** nas casas dos avós em São Paulo e Bebedouro; dos tios em Santos, Rio de Janeiro, Botucatu. Passeios em Caraguatatuba, São Lourenço, Buenos Aires, Ribeirão Preto, São José do Rio Preto.

Mesmo diante dos meus enjoos com vômitos, não era nada mais complicado do que o fato em si.

Tenho boas lembranças. Memória afetiva, como se diz no momento.

Viagens com a **família que constituí**, gratidão pelo aprendizado e esforço para não ser confuso demais. Mas sempre era, rsrs.

Viagens religiosas/Retiros espirituais, sempre numa esperança enorme de reencontrar o caminho que me trouxesse de volta a mim mesma. Bebia com uma sede imensa.

Ao **meu presente**; é bom viajar no tempo presente, ver o cenário do hoje com sua beleza, suas particularidades. Quanta descoberta!

Penso em Pedro Álvares Cabral, Colombo: Terra à vista!

Cada passo, cada roteiro, aeroporto, pessoas que conheço, passaporte carimbado, é como se eu respondesse à chamada dos professores na sala de aula:

Presente!
Estou presente.

Quanto ao futuro...
À próxima parada...
Peço ao meu Criador que meus olhos não percam a capacidade de se encantar ao vislumbrar novas terras, novos ares e mares, novos povos e pessoas que queiram ser explorados.

Quão grande És Tu!
Em tudo vejo o Seu poder sem fim
O céu azul que nem olhei no passado
O azul do céu que hoje me atrai
O horizonte que me leva sei lá por onde
Em tudo vejo o Seu amor sem fim.

Só sei que sei que nada sei,
e por isso sigo a perseguir o que ainda tem reservado pra mim.
É tanto!
Até lá.
Até já.
Até logo.

Quando cheguei do Fim do mundo, Marcelo Cocolo (cabeleireiro) disse assim: *Marise, eu acho que você sabe que vai morrer. Tanta viagem!!! Você não para mais de viajar!*
— Eu descobri que estou viva!

Sessenta anos bem vividos, refletidos
Reflexões que me movem pra frente, até quando o Criador assim quiser.

Reflexões que simulam os rodopios de minha mente inquieta.
Reflexões que intencionam declarar meu afeto pelas palavras, pela escrita, por um recado ou algo do gênero.
Acho que é isso.
Sobre isso, sigo com minhas Reflexões.

Eu, o papel e a caneta

~~~~

DOBRADOS...
e
DESDOBRADOS...

Meu vocabulário: Palavras ditas e palavras escritas

QUANDO ESCREVO/DESDOBRO
14/01/2023

Juntando letras.
   Juntando palavras.
   Juntando conversas.
   Palavras rebuscadas, não.
   Multiplicar palavras, não.
   Objetividade.
   Olho devagar.
   E as palavras brotam.
   Precisam sair de mim.
   Entram em mim através de conversas corriqueiras e precisam ser escritas.
   Ai de mim se abortá-las.
   Escrevo falando com um leitor específico, olho no olho.
   O leitor específico pode até ter um nome e endereço, mas também poderá ser alguém que nunca saberei quem é. De qualquer forma, fixarei meu olhar no seu olhar com intuito de falar-lhe ao coração.
   Quando encontro alguém que faz o mesmo comigo, quero dizer, que me fala ao coração, que entendo a mensagem, por um tempo fico apaixonada pelo meu locutor.
   Vejo como missão este meu jeito de escrever. Não é que eu queira, embora goste, mas preciso comunicar o que remexe dentro de mim.
   É urgente.
   Por conta dessa urgência, já me antecipei e fiquei com cara de tacho. Nunca me importei, só Deus sabe o que fervilha aqui dentro.

Sobrevivi às dores e alegrias.

Se dói, escrevo para avisar meu leitor que dá pra aguentar, que sobreviveremos.

Se a alegria me invade, ah, venha cantar e dançar comigo! *A vida é bela*!

Escrevendo, falo com o Criador sobre as bobagens que fazemos por aqui, e, neste caso, desejo que este diálogo se revele como algo simples de fazer. É só começar.

Quando penso que os que estão mais próximos de mim não terão paciência para me ouvir, me delicio escrevendo para eles.

Deixo bilhetes nas paredes, mando WhatsApp, organizo livretos — mas escrevo.

Confissões de uma aborrecente

(S18 É O MEU ANJO DE SALTO ALTO, SALTO 18, A COACH DE DESENVOLVIMENTO PESSOAL, GRESSIQUELI CHIACHIO)

22/03/2021

Sabe, S18, eu sou tão grata a Deus por ter me dado a graça de conhecer a Palavra (Bíblia).
Ela vem em meu socorro, ilumina meus textos e me garante.
Quando me deparo com uma chamada oral, por exemplo, sou um fiasco
O que é proteína? Carboidrato?
Não sei pra que lado fica leste ou oeste.
Ou,
Onde está o oceano Índico...
Kkk
Apenas rio.

Quanta lameira!

Minha verdade fala muito alto

24/02/2022

Grita dentro de mim

Preciso dar atenção a ela
Ouvi-la
E contar para meus leitores com cautela

Ela jura que é a tal
Que nada mais importa

Depois vai cedendo

Sou papel e caneta, tela e dedo

Intensa
Penso e faço
Às vezes faço sem pensar
Penso aceleradamente

Escrever é colocar a caneta no papel e deixar fluir
Poucas pessoas no planeta devem ter tantos papéis com anotações

Sou uma antologia
Essa ideia me acalma
Diversas páginas, diversos poemas e contos
Página sonhadora
Filhos
Vida solo
Escritora

Para mostrar mudança interior, fiz até Festa em Paris

Dores — cabeça, ombro, joelho e pé
Fibromialgia
TDAH
Viajante
Escolho ser
Cercada/cuidada por pessoas ascendentes, que deem passos, que tenham desejo de evoluir

Nesse momento estou na página da minha versão TDAH
Uma loucura e ao mesmo tempo libertador
Olhar minhas anotações e ver o quanto ajo por impulso
O quanto acredito nas minhas ideias
E olha que são milhões ao mesmo tempo

Mas o Universo colocou um anjo para botar a mão nesta bússola tresloucada, um Anjo S18
Quando o Anjo me apresentou a roda da vida
Daí que rodei bonito
Ouço o Anjo e sigo ladeira abaixo
Entrar no seu escritório e deixar que você, Anjo, entrasse na minha vida
Foi norte
Foi noite bem-dormida
Foi vida que voltou à vida
Especialmente porque ambas entendemos que o Criador está no meio de nós

A vida é bela!

DESCOBERTAS INCRÍVEIS! ESPERA, JÁ VOU EXPLICAR

20/07/2022

A Palavra escrita desliza.
 Basta tocar a caneta no papel, o dedo no teclado e ela nasce.
 A Palavra dita exige de mim atenção
 Mas falo em público sem ansiedade.

 De qualquer forma,
 Sempre, sempre, terá que fazer sentido para mim.

 A Palavra numa entrevista é um fiasco.
 Tipo, jogo rápido:
 Um filme? Uma música? Autor preferido?
 É muito seco. Sem vida. Não dá em nada.
 Tem ar de curiosidade e não de utilidade ou transformação.
 Tem que bulir na alma.

 As palavras surgem na minha vida e dão um sentido novo ao meu viver.
 A palavra é um tesouro para mim.
 Exemplo: sempre soube da existência dessas palavras: Universo, propósito, ciclo, emoção, ego, evolução.
 Mas não tinham utilidade.
 Não havia chegado o momento do nosso encontro.
 Outras, como: conexão, sinapse eu ouvi infinitas vezes, inúmeras explicações, busquei no Google e foi num repente que assimilei.
 Como assim?
 É exatamente assim que acontece comigo.
 Preciso sentir a palavra, encontrar uma função para ela e então só a partir desse momento é que a admito ao meu vocabulário.
 Nada acontece por acaso. E não adianta forçar.
 O tico e o teco teimam, resistem e nada acontece antes da minha hora.

Frases que me marcaram: Ouvi e acreditei

— Você vai fazer *grandes obras sociais*.
(um amigo da Igreja)

— Fazer *bariátrica* vai ser muito bom para você.
(endocrinologista)

— Você *vai rodar o mundo*.
(Terezinha — amiga)

— Sobre dançar no seu niver de sessenta anos: você *vai arrasar*.
(professor de dança de salão, Armando Gonçalves)

— Sobre lifting facial: você *vai ficar linda*.
(dr. Paulo Garcia, cirurgião plástico)

— *Você mudou.*

Filmes/Livros/Eventos

FILME — VISÃO DA VIDA DE HILDEGARD DE BINGEN

05/01/2018

Foi pintora, poeta, compositora, cientista, doutora, monja, filósofa, mística, naturalista, profeta e, talvez, a primeira sexóloga da história.
    Nasceu em 1098.

No final do filme, após receber a unção dos enfermos, abre os olhos, levanta-se e diz que quer comer e beber.

Quando lhe perguntam o que Deus lhe disse e que visão teve, responde:

— Os anjos do exército de São Miguel Arcanjo disseram: "Ei, águia! Por que você dorme em sua sabedoria? Levante-se, pois o sol se mostrou para você. Seu trabalho ainda não está completo. De pé, de pé! Levante-se e alimente-se".

E ainda decidiu viajar e pregar.

Mas agradou a Deus tocar uma suave pluma, e ela voou. E um vento forte a levou para que ela não caísse.

LENDO O QUARTO LIVRO — AS SETE IRMÃS[45]
27/09/2018

A irmã Pérola Ceci, personagem principal, conhece uma moça e, depois de alguns encontros, ela vê a perna de Chrissie "caída".

Chrissie teve que amputar a perna aos quinze anos, e fala para a amiga:

— Por que você está olhando assim para mim?

— É incrível a maneira como você superou... isso.

— Eu só não queria que isso me definisse, sabe? Não queria que a parte ausente fosse quem eu era.

---

45 Lucinda Riley, *A irmã Pérola*. São Paulo: Arqueiro, 2017, p. 269-271.

LIVRO — A CASA DA PORTA VERMELHA[46]

"Não precisamos de todas as respostas (de Deus), todas as direções e muito menos de todas as revelações. Precisamos de mais amor. Precisamos de mais fome. Precisamos de mais entrega."

"O problema não é o que você sente, mas o fato que você nunca se permitiu sentir o que precisava sentir."

"Quando você encontra suas habilidades e o que você fará, você encontrou a parte que será útil para o mundo, a sua profissão.
Quando você encontra um sentido da sua profissão que não se fecha à sua necessidade, mas vê e atende ao outro, ali está a sua missão.
Mas, quando você vê o que você é, você encontra o ícone que você é para o mundo. E que nada precisa para se revelar, apenas que você seja você.
Aí está a sua vocação.
Que ícone é você?
O que o Criador escreveu em seu ser para que possamos contemplar?
Que Deus nos ajude a ser o que somos".[47]

---

46 Zoe Lilly, *A casa da porta vermelha*. São Paulo: Quatro Ventos, 2018, pp. 73, 74 e 103.

47 Georgia Moura, CEO, fundadora e mentora do @findwayinstituto.

FILME — RAM DASS: A CAMINHO DE CASA

> "Não te desejo o derrame, mas a graça dele: interiorização.
> Faça amizade com a mudança.
> Comece com a paz em você, depois ame tudo.
> Vamos todos nos ajudarmos para irmos para casa."

VOCÊ ESTÁ?
20/09/2019

> "Todas as manhãs, mestre Zuigan (século XIII), antes de sair de seus aposentos, chamava a si mesmo:
> — Mestre Zuigan!
> E respondia:
> — Sim!
> Dizia então:
> — Você está?
> Respondia:
> — Sim! Estou aqui!
> E completava:
> — Então desperte! Não seja enganado!
> Lembre-se de despertar, de não enganar a si mesmo. Quando estiver com fome, coma. Quando estiver com sono, durma."

LIVRO — FUGINDO DO NINHO[48]
14/01/2020

"Você é mestre de sua vida?
A diferença entre os mestres e as vítimas é que as vítimas não descobriram as armas poderosas e os mestres as usam o tempo todo.

Escolha!
A lâmina encantada, com um fio que modela as existências.

O que há de apavorante nas escolhas?
Ela nos modifica.

Se não fizer escolhas e viver de acordo com o que esperam de você. Você morre de — e daí?

Estou tentando resgatá-lo do Ir-com-os-Outros."

LIVRO — DAQUI A CINCO ANOS[49]
20/03/2023

— Dannie é a personagem principal;
  — Focada em números e na carreira;
  — Mora em NY e acha isso o máximo;
  — Tem um relacionamento estável e morno;
  — Bella é sua grande amiga;
  — Dannie tem uma "premonição" do que irá viver dali a cinco anos.

---

48 Richard Bach, *Fugindo do ninho*. 2. ed. Rio de Janeiro: Bestseller, 2012, p. 319-321.

49 Rebecca Serle, *Daqui a cinco anos*. São Paulo: Paralela, 2020.

O prazo está quase vencendo quando
Dannie está em LA a serviço e reflete:
LA é lugar para quem não dá conta de NY.
Uma alternativa mais fácil.

Pensa sobre NY — os invernos não incomodam tanto assim, e ir para casa com os braços cheios de sacolas de supermercado no meio da chuva ou da neve não é um incômodo.

A vida não era — não é — tão dura assim.

Mas talvez haja espaço para erros em LA,
em NY, não.

"Agradecimentos,
a todas as mulheres que se sentiram traídas pelo destino ou pelo amor.

Aguentem firme.

Sua história ainda não chegou ao final.

Nem mesmo depois da meia-noite, e principalmente depois da meia-noite. Continuem seguindo na direção do que está à sua espera."

FILME — MÃOS TALENTOSAS[50]

19/05/2023

A mãe diz para o filho:
"— Carson, você não foi feito para fracassar.
Você é um menino inteligente
Você não está usando essa inteligência.

Você tem um mundo todo aqui (cabeça)
Você só tem que enxergar o que vê.

---

50 *Mãos talentosas: a história de Ben Carson* é um filme de 2009, baseado na vida do neurocirugião Benjamin Carson. É dirigido por Thomas Carter e estrelado por Cuba Gooding Jr. e Kimberly Elise.

Estão vendo muita TV.
Se vocês se dedicarem à leitura um dia, vocês serão vistos na TV."

Carson estava desistindo da faculdade, não estava com boas notas.
Sua namorada questiona:
"— Em que você é bom?
— Leitura."

A mãe volta a falar com Carson quando ele está diante do desafio da cirurgia para separar os siameses:
"— Você tem o mundo todo aqui (cabeça), só precisa enxergar além do que vê.
— Você fará tudo que os outros fazem, só que você fará melhor."

LIVRO — OUSE SER DIFERENTE[51]
13/01/2021

"Toda ideia revolucionária costuma enfrentar resistência."
"Que ninguém te faça duvidar. Cuida da tua raridade como a flor mais preciosa da sua árvore."
"Você é o sonho de todos os seus antepassados."
"A maioria das pessoas olha para fora."
"As ovelhas negras olham para dentro."

"Em um modelo que você não acredita, mesmo vencendo, você perde. Se o modelo é feito para você, alinhado com sua missão, mesmo perdendo, você ganha."

---

51 Pedro Superti, *Ouse ser diferente*. São Paulo: Buzz, 2020, p. 23, 25 e 27-29.

"O medo de errar é menor do que a vontade de serem verdadeiros, autênticos, genuínos."
"Uma vida incrível espera você do outro lado do medo."

Filosofando

Espiei minha evolução no coaching

20/07/2022

Re-flexão
(abaixa, levanta, segue, ufff)

Re-fleti sobre anos de *coaching*

Daí vi
Toxinas irem embora
Luz entrando
Nutrientes sendo assimilados
Meu eu tomando forma,
contorno, concretude
Músculos, cor, brilho
Vida
Senti a vida...
Vida, dando sentido à vida

Bendito seja Deus

24/07/2022

O Seu Nome
Ahhh, Jesus, esse nome tem poder
Poder de me recordar que não estou só
Poder de...

E conversar com Ele
Que loucura necessária! Que evolução...
Tipo, saio desse mundinho e me transporto para o Universo
Tête-à-tête

Boa noite
Boa noite, Jesus!

25/07/2022

Hoje dei mais um passo
Hoje me descobri mais um pouquinho
Senti tua presença

Hoje as lutas aconteceram, e nisso não há novidade
Mas
Durante a batalha eu Te percebi ao meu lado
E devia ser sempre assim
Mas
As distrações...
Os outdoors...
As enxurradas de notícias sem nexo...
Me tiram o norte facilmente

Tô falando da concorrência
Do que me rouba da percepção da Tua presença
Coisinhas de cá e de lá que me atraem e me distraem
E dá um medão tão grande de estar sozinha na luta
Ui ai ai

Mas hoje dei mais um passo
E é bom demais tirar esse tempinho pra Te dizer:
Foi incrível!
Boa noite, meu Deus
Deus de minha vida
Deus da vida
Deus que dá Vida

Saudade do céu

Tô com saudade do céu
Do lugar que me sinto em casa
Da casa da minha paz
Do lugar onde eu sou eu
Saudade de um lugar onde me faço perguntas
Silencio
Ouço a resposta
Me reconheço
Tiro as sandálias
Uso roupas largas
Deixo pra fora a mesmice imposta
Desenho uma margarida num papel
Faço palavras cruzadas
Recuso palavras pesadas
O céu é o meu lugar

Eu e o tempo

09/08/2022

Diálogo com o tempo
Olá, você continua aí?
Parei para te perceber.
Gosto quando te percebo no sabor da vida vivida.
Quando espio o céu.
Você sabe que faço isso bem rápido. Num curto espaço de tempo.
Na verdade, não curto paisagens por muito tempo.
Curto o íntimo das almas. Sondo, tenho desejo de cuidar, acarinhar. E para isso faço uso das palavras.
O tempo ouvindo músicas me transporta sei lá pra onde.
Sigo o som e tudo dentro de mim circula.
Mas quando você, tempo, quer andar para trás, olhar para o que um dia foi ferido — calo tua boca!
E quando você quer gastar meu tempo com conversas fúteis ou amargas.
Valha-me Deus, Nossa Senhora!
Se eu tiver a menor chance, te deixo sozinho com as picuinhas e os azedumes.
Eu te quero, tempo, a meu favor.
Assim,
Acordando... e sentindo que é tempo de me alongar e agradecer pela vida no novo dia.
Caminhando até a cozinha... e ir esticando todas as partes do meu corpo.
Esse tempo me devolve o vigor.
Olhando para minha agenda... e começando a te organizar, tempo.
Quero, na verdade, vivenciar os "primeiros segundos" de cada movimento do relógio.
Ouvir cada tic tac, tic tac, tic tac

Resposta do tempo
— Ok, temos o tempo necessário para isso.
Não se perca.

Diálogo, tempo e eu
— Eu gosto do seu formato hoje. Do tempo como você passa por mim.
— Eu sempre fui assim.
— Pode ser. Mas você me aborrecia.
— Explique.
— Você sobrava, depois faltava. E outras vezes me deixava só, no vazio.
Neste último fim de semana, por exemplo, te encontrei nas caminhadas, no cinema, por duas vezes, na leitura, reflexão, na dança, no sabor da refeição. E você inclusive soube se comportar nas madrugadas, pude dormir profundamente.
— Então fizemos as pazes?
— Sim.
Gosto das primeiras horas do dia, cheira a novas possibilidades...

Você é feliz todos os dias?

12/07/2022

É possível praticar esse movimento diariamente?
Como?

Sim, existe a possibilidade de ser feliz todos os dias.
Simples assim,
quando não me distraio, sou feliz.
Tenho motivos para sê-lo.
Tenho vida, tempo e sonhos.

Tenho um poço de encantamento dentro de mim, e me encanto com as possibilidades, com as transformações possíveis para que as pessoas se reencontrem, voltem a sorrir, sintam a própria respiração.

Quando ouço a música:
"Daqui do meu lugar eu olho o teu altar e fico a imaginar aquela paz, aquela Tua Paz".[52]
Isso vem desenhado num brilho tão intenso!
Tem contorno.
É tão real, tão possível, que nada me convence do contrário.

Sim, é possível praticar esse movimento chamado felicidade, desde que eu cumpra o meu papel seguindo o meu propósito que é escrever as delícias que brotam dentro de mim.
É possível ser feliz todos os dias colocando em prática o propósito que habita em minh'alma.

Meu querido Eu,

É muito bom ter você cada vez mais perto,
Cada dia mais íntimo.
Confesso que tenho admiração pela sua luta diária,
Pelo fato de que você vem dando prioridade ao que lhe faz bem
E deixando de lado o que é tóxico.
Seu jeito renovado de ver a vida, sorrir ao acordar
aumenta o brilho do seu olhar.
Sua forma de encarar as dores que insistem em se apresentar,
encará-las de frente e deixar ir embora, é sem dúvida, atitude

---

52 "Daqui do meu lugar", Padre Zezinho.

de um guerreiro que não desiste da vida, e acima de tudo quer
vida em abundância.
Persevere em curtir a delícia das pequenas coisas, como estar
por alguns minutinhos em seu apartamento,
simplesmente — estar.
Receber a visita de um filho, de um neto,
Sem dar importância ao tempo,
Se for quinze minutos ou o dia todo — que seja vivido com
emoção.
Querido Eu,
A sua história — Trilogia —
Relata fatos de trinta anos, sentimentos, dores, conquistas,
Porém o que me encanta é o fato de neste período você ter
se encontrado com o seu Criador,
Tornando-se grata ao que o Universo lhe oferece,
E saber que tens, sim, um propósito em sua passagem por aqui,
E que você tem se dedicado em cumprir sua missão.
Feliz por você! Feliz com você!

**Se um dia me perguntarem o que de mais sensacional
eu fiz na vida, vou responder que foi amar com coragem
todas as pessoas que passaram por ela.**
Marise Toledo – 07/10/2019

O tempo

Ah tempo!
Delícia da vida
Você é amigo
Você, segue o ritmo divino:
amanhece, anoitece
umedece, enxuga
...o canto dos olhos

com o canto dos pássaros
E passado um tempo,
o necessário,
você aparece e floresce
nos campos, montanhas, num vasinho
Mas vem novamente
Vem pra surpreender o silêncio do outono
Com vida
Cor
Perfume
Vem com vida nova
E convida
a um novo tempo
O agora!

Reflexões
(postadas nas redes sociais)

Semana começando, mudança de estação...

E Deus criou o mundo...
Houve uma explosão...
De algum jeito viemos parar aqui
Mas,
Não para parar, *ok*.
Quando se fizer necessário...
Recriar
Renascer
Nascer de novo
Sair do armário
Espiar o sol lá fora

Dançar na chuva
Fazer um gol
Tomar uma gelada

Usar do poder que tem em mãos
Usar o talento
Usar o trunfo
Usar a figurinha premiada
E...
VIVER

Fica a dica

(se você acredita que o tempo para pra você, *ok*.
Gaste seu tempo com cara de paisagem, e...
Sei lá, de repente você é quem tá com a razão.)

Naquela madrugada...

Quando o Criador "acordou" e tudo foi feito
chamou várias pessoas pelo mundo afora:
Moisés, Picasso, Elvis Presley, eu, você
Chamou, para que apreciássemos a criação!

De vez em quando o Criador fazia a seguinte pergunta:
— E vocês, por que estão aí o dia inteiro desocupados e distraídos?
Ninguém nos contratou para a apreciação
E tanta coisa inesperada está acontecendo
Temos que ser ágeis. Mudança de planos a todo instante

No entanto, alguns passaram a ficar atentos

Apreciaram!
Apreciando, seriam recompensados
E quando chegou a hora do pagamento...
Começou a murmuração:
— Eu apreciei!
— Eu vi primeiro! Mereço mais!

— Qual foi o combinado?

— Eis aí o recebido!

E todos receberam igualmente
Passando por Moisés, até eu e você

— Mas — disse Moisés — eu fui chamado primeiro! Mereço um pagamento maior!

E veio uma voz...
Do alto?
Da alma?
Do silêncio?

Eu vos dou a paz!
Eu vos deixo a paz!
A paz de perceber que não falta nada

#DESDOBRAR

Entrar no descanso de Deus

Como assim? Descanso?

Oxalá eu dormisse, tivesse sono reparador
Descansar...

Sigo a correr, malhar, suar,
Sigo a enviar, curtir, compartilhar. Ufff
O quê? Para quê?

O que realmente "me pega" e me leva a caminhar
Num caminho... sem GPS... sem referência... sem combustível?

O que chega aos meus ouvidos?
Quem fala ao meu coração?
E se eu ouvisse...
E se Eva não tivesse dado ouvidos à...

E se eu quiser falar com Deus?
No deserto, o que ouviu o povo bíblico?
O que ouviram os apóstolos?

O salmista diz: *"Hoje, se ouvirem a Sua voz*
não endureçam os corações
não desafiem a Deus
não ponham Deus à prova" (Salmo 95)
Hoje, o tempo que temos
Hoje, o tempo oportuno
Hoje

Oxalá ouvísseis hoje a Sua voz
Oxalá
Oxalá entrar no descanso de Deus
Viver o hoje, perceber o hoje
Caminhar de mãos dadas com o Criador
Descansar, hoje
Caminhar pelo Caminho
Acima de tudo
Ouvir a voz hoje,
com direito ao descanso

Vamos focar no foco

Ver. Escolher. Assumir, ok?

Morno, não!
Porque o morno
Não faz grandes experiências, não vive as emoções
Fica no mais ou menos
Cercado de dúvidas
Talvez
Quem sabe...

O morno faz tanto cálculo que no final já não sabe o porquê da equação

Vamos falar de decisão
Posição na vida
Escolhas pensadas

Não precisamos ser rebanho
O Criador nos programou indivíduos
Ah, mas "no sábado" (Lucas 6:6-11) não pode fazer isso e aquilo
Ok, a intenção não é violar a lei
Até que... Até que eu sinta fome e precise me mexer
Precise esticar o braço para alcançar meu alimento
Precise defender minha vida

Que a intenção primeira não seja violar a lei
Mas defender a vida/SER
Focar no foco
Lembrar quem sou eu
Dar sentido à vida/DESDOBRAR
Dar sentido aos meus dias
Viver

Que viver a própria vida passe a ser mandamento

Ou, se preferir,
Cláusula pétrea!

Abraão (A intercessão por Sodoma - Gênesis 18:16-33)

Hoje a pesquisa no Google foi sobre Abraão

Abraão na presença do Senhor
Abraão muito à vontade na presença de Deus começa a falar da realidade do momento e expõe o desejo do seu coração:

— Senhor, sabemos que neste momento está sendo feita uma pesquisa em Sodoma para ver como estão se comportando
No quesito hospitalidade, as pesquisas apontam índice muito baixo
Porém,
Supondo que...
tenha por lá cinquenta pessoas fazendo uma acolhida legal, o restante vai pagar por isso?
Ainda assim, o Senhor manterá a decisão de destruir Sodoma?
— Ok, Abraão, levarei em conta seu pedido.
— Ops
E se tiver quarenta? Trinta? Ou dez?
— Sim, Abraão. Vejo que você faz uma conexão interessante com esse povo
Acolho sua intercessão
Sim, por dez pessoas que pratiquem a hospitalidade, Sodoma será poupada

— Abraão, tenho uma coisa a te dizer:
O testemunho de uma pessoa que acolhe "um pequenino" vale ouro!
Acolher o coração de uma pessoa, olhar nos seus olhos com olhar de amor, põe fim às guerras mais acirradas
O testemunho faz brilhar, ilumina os passos de quem está perto

"O brilho do justo refaz a atitude do ímpio." (Provérbios 4:18)

Procurados pelo Criador

O Pai, o nosso Criador,
procura os conectados, os adoradores de plantão/
DESDOBRADOS
procura os que têm sede de alívio para suas dores

...os que estão dispostos a estender a mão para a Mão que Ele mesmo estende para caminharem juntos

O Pai, o nosso Criador, deseja adoradores
os que estão dispostos a deixar "tudo",
deixar tudo,
um pouquinho de cada vez,
como uma criança que dá seus primeiros passos e Alguém segura sua mão
e um pouquinho de cada vez,
deixar o medo de olhar para o céu
deixar o medo de relaxar um pouco
deixar o medo de se perguntar:
o que meu Criador imaginou para minha vida?

O Pai, o nosso Criador, tem sede de nós
Sede de alma serena
Alma com ânimo, alma conectada à VIDA

No dia a dia
Na Palavra dita
No pão de cada dia
No calvário
Do alto da cruz
Liberto da cruz
Já, como Luz
O Pai, o nosso Criador, tem sede de nós

Conecte-se

O CERCO DE JERICÓ (JOSUÉ 6:6)

O QUE TE CERCA?
O QUE TE ENVOLVE?
COM QUEM TE ENVOLVES?

Ouvi uma explicação mais ou menos assim: os povos antigos não tinham quase nada, daí travavam lutas, guerras e a vitória tinha um sabor incrível

Não desejavam a paz, desejavam os bônus da guerra: terras, riquezas, escravos (mão de obra)

Mas eis que surgiu uma batalha diferente

Uma batalha para que uma mulher conhecesse o Deus vivo
Para que uma "mulher da vida" fosse a preocupação, o alvo. Que Raab conhecesse a paz pondo em risco sua vida

No *reels* constava que: A batalha era para Alcançar a Terra Prometida

A cidade de Jericó era cercada, protegida e estava no meio do caminho dos israelitas, caminho que teriam que percorrer para alcançar a Terra Prometida

Jericó tinha suas peculiaridades, era muito bem localizada no meio do deserto. Conquistar Jericó poderia ser a glória
Ok
Em que ponto de vista?

No Projeto de Deus, a preciosidade não estava no ouro que aquele povo tinha em Jericó e que teriam inclusive a oportunidade de tomar posse, mas em uma pessoa a quem Ele destinou uma missão. Uma pessoa discriminada por todos, mas que, ao ouvir dizer sobre o Deus vivo desconhecido, desejou conhecê-lo e servi-Lo

Uma prostituta
Raab foi a ponte para o povo vencer os obstáculos
Raab foi a mulher que deu informações e abrigo para o inimigo

Para alcançar seu objetivo aquele povo se uniu
Para chegarem à Terra Prometida tinha uma cidade cercada no meio do caminho, Jericó
Entende?
Alguma coisa atravessou o caminho deles, e diz o relato que lá haviam gigantes

Organizaram, se uniram, rezaram e atacaram

E quem foi o facilitador da vitória?
A mulher da vida
A mulher
Uma mulher com desejo de vida

Uma mulher com
Planejamento
Objetivo
Foco

Para alcançar seus objetivos
Tua Terra Prometida
Como você descreve teu cerco de Jericó?

O QUE TE CERCA? (JEREMIAS I)
O QUE TE ENVOLVE?
COM QUEM TE ENVOLVES?

Ser conhecido, me conhecer

Lá "nos antigamente" Deus falou para Jeremias:
— Já faz tempo que penso em você!

Deus pensando em mim...
— Jeremias, eu te conheço?
Sério?!

Ok que é uma loucura encarar o fato de que o Criador de todas as coisas, sim, o Cara me conhece e pensa em mim
...alguém, que é ALGUÉM, com milhões de seguidores, pensa em mim
e tem mais... formatou um Propósito para mim

E Deus falou para Jeremias: teu Propósito é ser profeta.
Ops.
Sou pequeno, não sei falar

— Não tenhas medo
— Eu te formatei para isso (até a Inteligência Artificial sabe)
 Sério?

— Jeremias, Eu estarei contigo para te defender.
Como assim?
Deus comigo... e me defendendo...
— Sim

— Você vai postar e muitas pessoas vão mudar o jeito de pensar e agir.

Caracas
— Jeremias, lembre-se: Eu te conheço
Já faz tempo que eu penso em você
Tenho planos para você
— Jeremias, as pessoas precisam "despertar para a Vida"

#ESVAZIAR, QUEBRAR e SER

Bom dia, Criador (Salmo 138)

"Confere tua obra, que sou eu."

Como já disse o salmista: *"vê por que caminho eu tenho andado".*

Coloco-me nesta manhã sob a mira de tua câmera fotográfica para refletir o meu melhor no dia de hoje

Faz-me fiel
Fiel ao que fui projetada
Fiel ao que me abre o riso
Fiel ao que faz meu coração pulsar
Fiel ao que faz o meu próximo ter vida também

Não permita que eu me distraia e me afaste de Ti
Não permita que eu não respire bem devagarinho no dia de hoje e sinta
Sinta que a vida está acontecendo agora

Vida

Agora

Amém.

Seja santo
ou

Seja diferenciado
que é a mesma coisa

Eis que
Ele está no meio de nós
Entre nós
Em nós

É
o
Eu SOU
para
Eu SER

Farão coisas ainda maiores

Sejam um
Um
SER

EVOLUÇÃO...

Alguém já lascou a pedra,

Bora EVOLUIR/DESDOBRAR

"O homem bom tira coisas boas do bom tesouro do seu coração."

...disse o Mestre Jesus. (Lucas 6:45)

Como assim, o bom homem? Tesouro? Coração?
Isso diz respeito a mim?

Por onde tem andado o ser humano que habita em mim?

Vou fazer um *check up*, buscá-lo na musculação, depois na harmonização facial, em seguida farei meditação e então finalmente irei para o metaverso, numa nova versão

Mas
Por onde tem andado o ser humano que habita em mim?

Padre Fábio, responde aí: *"Quem me roubou de mim?"*

É que...
Viver supõe tantos riscos que...
Acabei escondendo o tesouro da minha essência no baú a sete chaves.

Vixe,
Onde guardei mesmo o baú?

Esse alemão... O covid... Me fazem esquecer das coisas importantes...

Ah, o baú com o tesouro da minha essência está no porão
Vamos lá querido EU, coragem!
Escuta o que vou te dizer:
— Você é capaz, você pode, sua vida te pertence,
— Ser humano, é a sua essência

Padre Fábio atualizou sua página e enviou para nós:
"Por onde for o teu passo, que lá esteja o teu coração."

Reprogramando a rota com o objetivo de me redescobrir:
Do que gosto? O que faz meus olhos brilharem?
O que nutre minha alma? Minha essência...

#ESVAZIAR

Escolhas Invertidas 1

"Bendito seja Deus por ter me feito de forma tão maravilhosa!" (Salmo 138:14)
Foi o que Deus fez!
O que tenho feito?
Escolhas invertidas...
"Não faço o bem que quero, mas o mal que não quero???" (Romanos 7:19)
Foi o que o apóstolo Paulo falou:
Quero fazer o bem, e, no impulso, faço o mal.
Para quem?
Para MIM

E vem acontecendo desde quando Eva escolheu a maçã e perdeu o Paraíso
Pense nisso
Pense nos sentimentos que por vezes você escolhe sentir,
Podem ser bons, mas se alimentam a raiva...
Inverteu!
Pense nos cuidados com sua saúde
Pode escolher comidas saudáveis, exercícios, descansar
Mas, se escolhe comidas prontas, sedentarismo e agitação
Escolhe visitar o médico pra saber se está bem, e não se olha no dia a dia

Escolhe tomar remédios para remediar, e não busca a causa,
Inverteu!
Pense no seu trabalho
Como poderia ser se você não invertesse algumas situações?
Seria esse trabalho?
Seria da forma que você tem escolhido agir?
Teria este resultado?
Resultaria em prazer e retorno diferente?

Deus te fez de forma Maravilhosa!

Abaixo as escolhas invertidas!

#ESVAZIAR

Escolhas Invertidas 2
Dia de Reis, dia de estrelar!

Siga sua estrela/DESDOBRE
Seguir sua estrela é uma boa escolha

Os três reis magos seguiram a estrela que brilhou para eles e não deram ouvidos à falácia do Rei. (Mateus 12:1-12)
Não inverteram os fatos e viram:
— o amor nascer
— a alegria na simplicidade
— o Filho de Deus entrar na história (na deles, inclusive)
E adoraram O Adorável!
Ah... quando tiramos tempo para olhar para o céu
Quando percebemos que a estrela brilha...
Quando seguimos a estrela sem inverter a rota...
A Salvação entra na história.

E o que temos

o pouco que temos a oferecer (nosso ouro, incenso e mirra) é aceito,
e podemos afirmar: *"Meus olhos viram a Salvação!"* (Lucas 2:30)

Mais do que isso
podemos descobrir que o papel que desempenhamos na vida:
tem sentido, tem sabor
tem aroma, tem paz

Pois não estamos sós
Ele está no meio de nós!

Deus te fez de forma maravilhosa!
Abaixo as escolhas invertidas.
Brilhe!

#DESDOBRE

Escolhas Invertidas 3
Checando talentos

O Criador do Universo está checando os talentos confiados às suas criaturas
E...
Epa!
Bora viver sua vida!

Tá constando que você não se conhece e não usa seus talentos
Confere?

Pedro!
Ele está dizendo: *"Pedro, para! Para, Pedro!"*[53]

---

53 "Para, Pedro", José Mendes.

Eu te fiz único, acreditei em você, confiei talentos a você
E você, tá cuidando da vida de outras pessoas?
(Me acha incompetente? Acaso, criei mal?)
Você não entendeu a lição/ESVAZIE
Amar o próximo não significa não viver sua vida.
É impressão minha ou você não aprecia sua vida?
Não se cuida...

Marta!
Marta, Marta
Você se preocupa com muitas coisas
Marta, Marta
Volte para seu propósito!

Lázaro!
Lázaro, Lázarooooo
Volte para vidaaaaaa
(Não morra em vida)
Retrospectiva:
O Filho do Criador passou chamando: *"Vem, e me segue!"*
E o que vem depois?
— Vá e anuncie. Siga seu caminho.
— Conte que encontrou o sentido para a sua vida (e vai ter muitas curtidas)
— A sua vida vai ter curtidas. Viver será uma curtição!

Quando o Filho do Criador veio com a melhor notícia que a humanidade poderia ouvir, Ele falou sério:
"Eu vim pra que todos tenham vida em abundância."/DESDOBRE
(João 10:10)
Não disse: cuide da vida do outro.
Deixou manual.

Checando o uso dos talentos nas Escolhas Invertidas:

— Crianças (óbvio que sem experiência de vida) estão dando ordem na casa
— Adolescentes sem permissão para crescer e amadurecer
— Adultos que gastam a vida e não experimentam o sabor de viver
— Casais que competem entre si como adversários
— Idosos que não se cuidam e elegem para si um fim de vida sem luz, com dores

Não é brincadeira,
Ele veio para que todos tenham vida!
Cuide da sua!
Enquanto estiver aqui terá tempo para isso.
Aproveite esse bônus!

Cheque seus talentos!

O SENHOR É COMIGO! (O SENHOR É CONTIGO!)

Onde Deus É, a conexão é real.

Maria, a Maria de Nazaré, mantinha conexão real com seu povo sofrido e pedia ao Criador do Universo que cumprisse sua promessa de Salvação.

E, dessa forma, um anjo foi enviado naquele vilarejo miserável de Nazaré com mensagem do Criador:

Anjo:
— Maria, você que é #mulher #jovem #solteira #do grupo dos *anawin*,[54] os pobres de Deus, foi escolhida para dar suporte ao Plano do Criador

---

54 *Anawin* é uma palavra hebraica, muitas vezes encontrada na Bíblia. Significa "os pobres de Javé", ou seja, os pobres de Deus. Como você pode observar, *anawin* é uma palavra que

Maria se achava pequena, mas não fraca. Pequena, para ser a escolhida

Mas... se... foi a escolhida — segue em frente.

E segue entoando um canto, O Magnificat: *Minha alma glorifica o Senhor.*[55]

Minha essência está em estado de gratidão.

Não, ela não era do tipo de "deixar o cavalo passar arreado"/ DESDOBRE-SE

Maria:

— Se o Criador me escolheu para uma grande missão... não me preocuparei com uma gravidez surpresa.

É apenas um detalhe.

O Senhor É comigo! Deus É comigo!

Pensar que é impossível está fora de questão!

A vida de Maria virou de ponta-cabeça

Mas

Seu propósito não! A conexão era real!

O desejo de ver seu povo liberto estava na mesma *vibe* do Seu Criador

Como seria?

Vale lembrar que a visita do anjo foi uma resposta a um apelo de Maria.

---

está no plural. Os pobres são aqueles desprovidos de bens materiais, que experimentam o sofrimento e a injustiça por causa da sua condição de pequenez, fragilidade e dependência. Mas *anawin* são, principalmente, aqueles que depositam a sua confiança em Deus e, por isso, são a Ele fiéis, de modo a buscarem, em tudo, a vontade do Senhor. Jesus e Maria foram perfeitos *anawin*, assim como os santos da Igreja. Nós, os cristãos, também somos chamados a ser verdadeiros *anawin*, conforme os ensinamentos do Evangelho. (Dicionário inFormal. Acesso em: 22 abr. 2023.)

55 Lucas 1:46.

Maria:
— Não estou sozinha. O Senhor É comigo.

Maria, a de Nazaré, não comprava briga
no entanto, era decidida, era autônoma e não terceirizava sua responsabilidade
("O seu Criador é Aquele que É, o EU SOU")[56]
Maria, de alguma forma, foi entendendo que, com Ele, ela podia Ser
(Ser quem ela nasceu para Ser).

Maria autônoma:
— Vou gerar o Filho do meu Criador, não tenho tempo de explicar para o José.

Maria decidida:
— Minha barriga vai crescer, irão comentar nos grupos do *zap zap*, o anjo que cuide dos detalhes.
Maria, a de Nazaré, não era alheia ao sofrimento do seu povo, porém não fazia o tipo de ficar chorando pelos cantos

E como o anjo passou a mensagem completa, ela se inscreveu no canal, curtiu e continuou seguindo seu Criador

O anjo falou que ela era peça chave do Plano e que... a prima dela, a Izabel que já estava usando cartão de idoso, estava grávida de 24 semanas
Anjo:
— Maria, Izabel precisa da sua ajuda.
O Senhor É contigo.

---

56 Êxodo 3:14.

Clicou no link e foi visitar e ajudar sua prima.

O encontro das primas foi "uma festa no céu", o bebê de Izabel, João Batista, deu pulinhos de alegria no ventre de sua mãe. Diante deles estava o Filho do Criador do Universo, também na barriga de sua mãe, Maria.

E foi exatamente nesta hora que Maria entoou o canto do Magnificat:

"Minha alma glorifica o Senhor
Meu espírito, MINHA ESSÊNCIA, exulta de alegria em Deus, meu Salvador"[57]

O Senhor É comigo! O Senhor É contigo!

Cá entre nós, Maria deve ter feito pesquisas no Google:

Que Deus é esse que perde seu tempo com alguém sem qualquer posição social ou religiosa?

Maria deve ter tremido na base, e teve que repensar sobre a imagem que fazia de Deus

... Ele não é preconceituoso, intolerante ou racista

Ele é comigo! Ele é contigo!

#Eis-me aqui #Tamo junto

Entendeu ou precisa desenhar?

O Criador do Universo é contigo!

O que pode ser impossível se você se decidir?

---

57 Lucas 1:46-47.

"PERMANECEI NO MEU AMOR" (JOÃO 15:9)

Permanecer = conservar-se
   Tipo conserva
   Colocar no vinagre para não deteriorar

   Ah, é?
   É!

   Pegar o bagulho que quer curtir/conservar e tomar alguns cuidados:
   — Uma boa pimenta, legumes
   — Vidro transparente
   — Vinagre, sal, açúcar
   — Ambiente limpo, com o objetivo de matar micróbios, retardar o processo de apodrecimento
   — Estando preparado, colocar numa panela, cobrir com água e deixar ferver
   — Retirar com cuidado
   — Não secar com pano para não contaminar
   Quanto cuidado...

   Permanecer num amor diferente do que a Inteligência Artificial define e descreve?
   Diferente do que se propaga no século XXI?
   Permanecer num amor que não tem nada a ver com as músicas que ouço, curto e danço?

   Mano,

   parece que vou precisar ser formatado...
   ou
   atualizado...
   Sei lá

Tô pra dizer que esse amor bíblico é loucura
E mais, que nem tem tantos seguidores e curtidas
Poucos compartilham...

E, bem
O mundo tá uma droga! Tá tudo errado.

Exato!
Tá tudo errado
Entrou vírus no Projeto
Copiou?

"Ame e faça o que quiser!" (Santo Agostinho)
#ESVAZIAR

TEMPO, TEMPO, TEMPO (LUCAS 1:26-38)

Quando?
   Naquele tempo
   O quê?
   O anjo foi enviado a Maria com uma *msg*
   E daí?
   Deus está contigo!

Situação nova! Alerta! Mudança de rota!

Fim ou começo do mundo?

Alegria!
Perturbação!
Medo!
Proezas do Universo
Proezas do Criador

"Maria, seu filho será grande, filho do Altíssimo, será um marco na história
   Como será?"
   Isso é inédito
   Não tenho onde pesquisar nem com quem conversar a respeito
   (vá no *chatGPT*)
"O Espírito virá sobre ti e a sombra do Altíssimo te cobrirá com sua sombra
   Sua prima idosa e estéril está grávida neste momento
   Ok.
   O anjo se retirou."

Onde estou?
Que mundo vejo?
Que emoção respiro?
Que tamanho é meu Universo?

Que poder criativo tem meu Criador?
Qual é minha fonte de pesquisa?
De onde vem meu socorro?

Meu Criador + Eu, no momento presente + Inteligência Artificial

Bora surfar no tsunami OU ser engolido pela onda

Tempo, tempo, tempo

Eu, no momento presente
Presente!

#DESDOBRAR

HERODES, O CONFUSO!

Hoje, mais um episódio Herodes, o confuso
No capítulo 9:7-9 de Lucas, Herodes quer saber, quem é o cara que tá sendo tão reproduzido nas mídias?

É o João Batista que ele mandou cortar a cabeça?
Elias, o desaparecido que reapareceu?
Um antigo profeta que ressuscitou?

Quem? Onde? Como quer o meu lugar?
Tem mais curtidas do que eu?
Estou sendo ameaçado

Tô com obesidade mental

Basta!

O que me interessa?
O que me conecta ao ser humano que vim para ser?

"Pare o mundo que eu quero descer"[58]

Colou a cabeça
Reapareceu
Ressuscitou

O que é que eu não sei?
O que é que me conecta ao que sou ou vim para ser?
O que é que eu não gosto? O que é eu não quero mais?

O que é que me faz sentir minha respiração?
O ar entrar e sair...
Perceber a folha que cai da árvore...
Ouvir o riso de uma criança...

#ESVAZIAR

"MEUS OLHOS VIRAM A SALVAÇÃO!" (LUCAS 2:30)

Hoje, de modo especial, desejo que teus olhos vejam o que o Universo tem preparado para você.

Isso aconteceu com o velho Simeão — ele estava no Templo rezando, de repente Maria e José chegaram com o Menino Jesus para ser apresentado
... e Simeão viu.

---

[58] "Eu também vou reclamar", Raul Seixas.

Viu porque esperava ansiosamente por isso.
Viu porque conhecia a profecia que falava disso, que falava da Salvação e do Salvador

Viu, creu, abriu a boca e disse: posso partir em paz
Eu vi!/DESDOBROU-SE

Ah... tem algo grandioso que você ainda precisa ver!
Desperte!
Abra-se ao que o Universo tem reservado para você!
Foque! Deseje! Creia!
Passe esse filme na sua mente e vá percebendo cada detalhe
Cada delicadeza

Ainda dá tempo
Agarre o tempo
Viva
Sonhe
Materialize seu sonho

E daí, eu desejo que seus olhos vejam, que sua alma agradeça.
(Pode até dar pulinhos de alegria. Pode voltar a ser criança)

Qual o problema?

"Nada é tão nosso quanto nossos sonhos".[59]

---

[59] Friedrich Nietzsche, *Dawn*: Thoughts on the Presumptions of Morality, v. 5. Stanford University Press, 2011.

ERA UM DIA IGUAL AO DE HOJE

Amanheceu e
    Jesus estava ali pra dar bom dia
    aos amigos bipolares que estavam pescando

    Detalhe:
    Jesus preparou uma comidinha gostosa
    Mas....
    quis que seus amigos juntassem seus peixes ao que Ele preparou

    Percebe?
    Jesus já se levantou?
    Está desejando Bom dia

Quanto a nós...
Nós, ah
Nós, não temos certeza se faremos deste dia um Bom dia
Não temos certeza se...

A Mesa está posta

O que temos para colocar na Mesa hoje?

Em que momento deste dia iremos ocupar nosso lugar à Mesa?

O MILAGRE DE CANÁ DA GALILEIA[60]

Em que grupo me coloco?

    Quem viu que o vinho acabou
    Quem pediu ajuda
    Quem seguiu as orientações
    Quem encheu as talhas
    Quem serviu
    Quem ficou sem entender
    Quem não deixou a festa acabar
    Quem achou tudo normal, que era apenas efeito de umas taças de vinho a mais

    Quem viveu as emoções do momento?

    A festa não acabou!

#DESDOBRAR

SER CHAMADO PELO NOME[61]

Jesus chamou seus discípulos pelo nome
    Chamou-os na condição em que se encontravam (pescadores, cobrador de impostos) para uma obra maior
    Deu poder de afastarem o mal e curarem doenças
    Orientou onde deveriam ir e como agir
    Deixou claro que era fundamental devolver a esperança para as pessoas
    E, por isso, deu-lhes a ordem de:
Anunciar que o Reino de Deus está próximo

---

60 João 2:1-12.

61 Mateus 10:1-7.

— Dê boas notícias!
— Assuma o seu nome, a sua identidade
— Dê o próximo passo a partir da condição em que se encontra hoje
— Use o poder que há dentro de você, no seu DNA, para faxinar o mal, tirar o poder das doenças
— Que as doenças deixem de ser "um estilo de vida"
— Não estacione onde não queiram sua mensagem
— Tenha boas notícias para dar às pessoas

#ESVAZIAR

QUEM VOCÊ PENSA QUE É?[62]

Viestes para nos destruir?

Foi a pergunta de um endemoniado para Jesus, há mais de 2 mil anos.
Ou um possuído por espíritos maus.

Por que a pergunta foi feita?
Porque, segundo a narrativa, Ele ensinava com quem tinha autoridade, não como os mestres da lei.
E você
quem você pensa que é?
O que você anda espalhando por aí?
Por onde tem andado?

Jesus
entendeu seu Propósito,
montou sua equipe,

---

62 Marcos 1:21-24.

capacitou-os para a missão.
Retirava-se para se abastecer
Não vacilava em suas decisões
Não buscava ser aceito
Sabia que tinha o apoio total de Seu Pai
Tinha autoconhecimento

E você?
Ainda busca aceitação da galera?
Quem é você?

O que precisa ser expulso do seu caminho?
Aonde pretende chegar?
E por que não chega?

Ah, faça uma caminhada feliz!
E por que não?

#DESDOBRAR

JESUS FALAVA DE ONDE VEIO[63]

Jesus tinha autoconhecimento
   Falava do seu Reino
   Falava do seu Pai
   Quando bateu a fome e a resmungação tomou conta da multidão, Ele disse:
   — Sentem-se!
   O que tens no bolso?
   Na bolsa? No pensamento? No coração?
   Autoconhecimento ou dúvidas?

---

[63] João 14:1-4.

Naquele dia específico, Jesus pegou o que eles tinham:[64]
cinco pães e dois peixes
O que fez?
Colocou cada um no seu lugar
Abençoou a realidade
Agradeceu

Hoje
Sente-se! Sinta-se! Observe-se!/DESDOBRE-SE

Aquela multidão vinha caminhando com Jesus, ouvindo a Palavra de Vida, vendo curas, experimentando curas...
Mas tinha fome,
do quê?

Jesus disse:
Olhe seu bolso, sua bolsa, pensamento, coração

Prepare seu alimento
Prepare seu dia
Coloque no seu bolso suprimento que te dê sustento
Identifique sua fome, seus sonhos
Seu Propósito neste Universo de possibilidades

TENHA SAL EM VÓS[65]

Seja tempero
   Tempere
   Tenha gosto
   Sabor

---

64 João 6:1-15.
65 Marcos 9:50.

Nem mais
Nem menos

Tenha uma vida que, com seu jeito singular
Com seu modo único de ser
Sua individualidade,
Tenha sabor
Seja uma vida apreciada
Saboreada

Vida, resultado de
Tempero certo
Um bom refogado
O cozimento exato
Aquele tempinho de descanso
E...
Bora viver

Sentar-se à mesa com a vida e fazer uma bela refeição
Banquetear-se/DESDOBRAR-SE

Sem indigestão
Sem azia

Satisfação
Prazer
Gratidão

E a vida terá o meu tempero

O que eu puser no prato

"DEIXEM VIR A MIM AS CRIANCINHAS E NÃO AS IMPEÇAM".[66]

Impedir, eu?
 Não, eu não impeço!

 Não impeço que vejam as coisas bonitas da vida
 Não impeço que tenham esperança
 Não impeço que me contem seus sonhos

 Deixem vir ao amor
 Deixem vir o sorriso fácil
 Deixem um lugar ao seu lado
 Deixem um colo
 Deixem que provem uma comida da roça, direto da terra
 Deixem um copo d'água fácil para ela
 Deixem que corram
 Que sejam
 Que vivam

 Deixem

 Não as impeçam

#ESVAZIAR, QUEBRAR

"UM DEUS APAIXONADO..."[67]

Um Deus que na madrugada vai para um jardim para pensar em mim
 (entre no jardim com Jesus, viva um pouco essa experiência)

---

66 Mateus 19:13-15.

67 Lucas 22:39-46.

Ali no jardim deseja ardentemente me mostrar a VIDA
Pensar num meio de me mostrar como viver
Mostrar para mim que Ele não se desvia de seu propósito
Mostrar para mim que é possível "virar a chave", permitindo que sejam lavados os pensamentos amargos e voltar à vida
"Virar a chave" e atravessar a dor de hoje para viver o amanhã, dando Glórias
Viver caminhando
Caminhando, parado não
Estagnado não
Caminhando
Para ver os lírios do campo
Ver o nascer do sol
O sorriso da criança
Saborear a experiência do idoso
Encontrar o sorriso no espelho
Viver e ver
Viver as emoções com um sorriso pronto pra se estampar no rosto e revelar minha semelhança com o Criador
O Criador da vida
O Criador das possibilidades
O Criador que apaixonadamente passa a madrugada no jardim pensando em mim, em você.

Nunca estivemos sós
Nunca estaremos sós

"SE EU CONSEGUIR TOCAR O MANTO DELE..."[68]

Se, antes, eu perceber o que tem minado minhas forças...
Se, antes, eu desejar minha cura e libertação...
Se eu chegar no estágio de dar passos em direção ao que pode devolver-me a Vida...

---

68 Marcos 5:27.

Ah
"Será meio caminho andado"

Ah
Terei tirado tempo para me observar!

Ah
A minha Vida!/DESDOBRADA

A minha responsabilidade no Universo de meu Deus!
Eu, cuidando do meu umbigo, fazendo minha parte, tomando as rédeas "do meu destino" com coragem!

Bora dar passos definidos, esticar os braços para tocar minha benção

Atitude!

O PROPÓSITO DE MARIA DE NAZARÉ

O que Maria deveria fazer para se sentir realizada? Plena?

Maria de tantos títulos,
o que o Papai do Céu pensou quando sonhou com você?
Tipo, seu Propósito...

Propósito salvífico!
Propósito de "garantir" a Salvação sem criar empecilho!
Vou arriscar e ficar por aqui.

Maria que olhava a realidade
Maria que questionava e agia
(interessante esse negócio de olhar a realidade)

#Maria que sempre esteve a par de sua realidade, conhecia as Escrituras e sabia que Deus havia prometido um Salvador para seu povo. Sempre atenta aos *posts* divinos

#Maria que no *chat* questionou:

— Como serei a mãe do Salvador se não conheço homem?

#Maria que foi ao encontro de quem precisava de sua ajuda

Foi à casa de sua prima para ajudá-la a lidar com a benção de ser mãe com idade já avançada

#Maria que cumpriu as leis e, mesmo estando no final de sua gravidez, fez uma longa viagem até Belém com seu esposo para o recenseamento/ESVAZIOU-SE

#Maria que encarou a realidade de ver seu filho numa manjedoura

#Maria que protegeu seu menino dos perigos. Fugiu com José para o Egito até a poeira baixar

#Maria que, vendo a realidade da falta de vinho, tomou atitude. Mandou WhatsApp pra Jesus/DESDOBROU-SE

#Maria que, vendo os *posts* com *fake news* sobre seu filho estar louco, foi atrás para ver com quem ele estava andando e o que estava fazendo

#Maria que, diante do julgamento dos homens sobre seu filho, ficou com a justiça divina, que com certeza iria finalizar o Projeto de Salvação da melhor forma

#Maria que deu continuidade ao Projeto de Deus depois da morte de seu filho, mantendo os discípulos unidos em oração aguardando os próximos capítulos

Propósito salvífico! Propósito de "garantir" a Salvação sem criar empecilho!

#Maria que, pra falar do que tinha no coração, disse:

— *Minh'alma glorifica ao Senhor.*

Meu espírito exulta de alegria em Deus, meu Salvador.

Porque olhou para sua pobre serva.

Alegria de cumprir seu papel e manter-se fiel ao seu propósito, sempre olhando para a realidade
#ESVAZIAR, QUEBRAR e SER

Quem serve pra seguir Jesus?
Quem tá na mesma *vibe*?

QUEM É DIGNO?

Se inscreva no canal Dele pra decidir se vai fazer parte do fã clube, se vai curtir e compartilhar

E Jesus foi dizendo:[69]
— Não vim trazer a paz, mas, sim, a espada
— Vim separar o filho do seu pai
— Quem ama as pessoas mais do que a mim, não é digno de mim
— Quem não toma sua cruz e me segue, não é digno de mim
— Quem procura conservar a sua vida vai perdê-la
— E quem perde a sua vida por causa de mim vai encontrá-la.
/ESVAZIAR, QUEBRAR e SER

Pra mim, só a última afirmação já resume a mensagem de Jesus
#Se sigo Jesus e conheço sua proposta, não me importo em gastar minha vida, em arriscar sair da mesmice, do tipo "conservar a vida" e vou movimentando meus dias/DESDOBRANDO

#A Paz então deixa de ser vida tranquilinha e passa para o nível de Paz Interior, apesar de tudo
#O Laço Familiar ou de Amizade deixa de ser exigência e passa a ser conquista
#As Orientações de Jesus realmente direcionam as escolhas diárias

---

[69] Mateus 10:34-39.

#E Tomar a Cruz é compreendido como seguir seu propósito, que sempre será desafiador
#Vida em Conserva não se encaixa
Jesus leva a sério o sentido da vida.
Com a liberdade de escolhas que temos, o tal do livre-arbítrio, nos dá a possibilidade de percebermos nosso propósito aqui para darmos sentido aos nossos dias
E...
As "perdas" nos fortalecem para a Vida em abundância
As perdas nunca nos paralisam para sempre
#DESDOBRAR

QUAL É A VONTADE DO CRIADOR A MEU RESPEITO?

O Pai falou para Jesus:
— *Não quero que ninguém se perca!*[70]
Quero que a alegria deles seja completa, como a nossa alegria É completa.[71]
Percebeu?
Ok

Mas a pergunta vai para Maria:

— Maria de Nazaré, quem é você na fila do pão?
— Sou filha amada do Criador
A escolhida para cooperar no Plano de Salvação
Fico atenta aos fatos e à realidade
Quanto à "fila do pão", vamos combinar que eu amassei o Pão
O meu filho, Jesus, É o Pão que alimenta a todos

---

70 João 6:39.
71 João 15:11.

Mas nem por isso furo a fila
Apenas quero saber por onde anda meu Filho e o que Ele está fazendo.
Quer saber o que é mais importante para mim?
— Sim
— Saber que sou amada pelo Criador e focar no Caminho que escolhi percorrer
"Sei em Quem coloquei a minha confiança!"[72]/DESDOBRO

— E você, está investindo em quê para não se perder?
Para ter alegria completa?
Já pesquisou sobre quem é você "na fila do pão"?
O que prende sua atenção?
O que realmente é importante para você?
O que faz seus olhos brilharem?

#ESVAZIAR

CORDEIRO DE DEUS QUE TIRAIS O PECADO, TENDE PIEDADE DE NÓS![73]

Que não temos piedade de nós mesmos
   Que nos sabotamos
   Que nos maltratamos
   Que nos compramos com supérfluos
   Que
   não
   nos
   conhecemos

---

72 2 Timóteo 1:12.
73 João 1:39.

Cordeiro de Deus,
abra nossos olhos para vermos que Tu já tiraste o pecado do mundo
e assim nos abriremos à graça da confiança

Cordeiro de Deus que tirais o pecado do mundo,
tende piedade de nós,
quando não damos vazão aos dons que recebemos
Tende piedade de nós,
para termos paz.

Cordeiro de Deus que tirais o pecado do mundo,
refaz nossa percepção de uma autoimagem sã,
curada, já salva

E assim nos permitiremos experimentar a paz que não passa
A paz que está no meio de nós

Ponha-nos em paz
para termos a paz

Maria, Rainha da Paz,
rogue por nós
para acolhermos a paz!
(Leia + 1 vez em forma de oração)

#ESVAZIAR, QUEBRAR

JESUS, SEU AMIGO MORREU E VOCÊ NÃO ESTAVA LÁ![74]

No podcast de hoje, Marta fala com Jesus sobre a morte de seu irmão Lázaro

E questionou Jesus sobre o fato de Ele não ter estado ali no momento da morte

Jesus não estava presente quando seu amigo morreu

Jesus recordou a Parábola da força da semente, das sementes lançadas em vários tipos de terreno

Das sementes que morreram e, consequentemente, produziram fruto

Já as que não foram para dentro da terra, ficaram só

Ficaram apenas na condição de semente, na solidão

Sementes que só fizeram *selfie* e não foram para dentro da terra, realmente não viveram, não fecharam ciclos

Não perceberam a beleza da vida, a beleza de viver

Ir para dentro da terra, morrer para enfim viver

Ok. A resposta de Jesus para Marta foi:
"— *Todo aquele que vive e crê em mim, jamais morrerá.*"/ESVAZIAR

Faça um *print* –
Aquele que vive/DESDOBRA
Sim,
Jesus fala sobre viver
Não diz para sobreviver
Não diz para esperar pelo momento da oração, do culto, e professar a fé simplesmente

Viver é mais!

---

[74] Lucas 11:1-44.

Viver pode ser morrer para situações corriqueiras e voltar para a vida oxigenada

Morrer, é preciso
Preciso morrer?

#ESVAZIAR, QUEBRAR

DIA DE FRASES PRONTAS
FAST FOOD

— *Que sejam um*[75]
   — De que jeito?
   — Olhe para Mim (Jesus) e para Deus Pai. Copie e cole!

   — *Na casa do meu Pai tem lugar pra todo mundo*[76]
   — Sério?
   — Preste atenção e pense no "amor ideal"
É disso que falamos desde sempre. Desde toda eternidade
Já deu tempo de evoluir, passar da fase *fake love* para o original
Te enganaram até aqui. E aí? Vai avançar?
O mundo criado por Deus cabe na Casa de Deus

   — *Não tornes a pecar*[77]
   — Deu ruim. Cara, tô no mundão
   — Exato! Olhe no espelho e busque-se!
Reconheça-se
Evolua! Decida-se por acertar mais do que errar o alvo

---

75 João 17:21.

76 João 14:2.

77 João 8:11.

A verdade liberta[78]
— Tá trolando comigo?
— Não! Você é uma verdade!
É real! Palpável!
Portanto não são mentiras que irão te reconduzir à sua essência
Tente, por exemplo, "criar um mundinho", um avatar no metaverso, onde você possa ser você! Não uma figura borrada, remendada

Cuidado! Sempre
Sempre existirá a possibilidade de você andar pra trás:

- curtindo a solidão doída
- não se amando, sentindo-se um ser sem lar
- decidir-se pelo pecado e não se reconhecer
- ter a mentira como estilo de vida

Vire o jogo!
Viva a VIDA!
Viva!

#DESDOBRAR

UM BOM MOTIVO
PARA BRIGAR, SENÃO EU INVENTO

Imagine a cena:
Jesus falando de um Reino onde a proposta é viver o amor e...
Chega um grupo arrastando uma mulher pecadora pra Ele dar o veredito[79]

---

78 João 8:32.
79 João 8:1-11.

— É o seguinte, Mestre, queremos um motivo pra brigar e desbancar este teu reino de amor
Diz aí, o que dá pra fazer com essa prostituta?

O que mudou depois de 2 mil anos?

Vamos combinar que naquele tempo, e ainda hoje, ninguém é obrigado a seguir o Mestre de Nazaré
Acaso aqueles sujeitos tinham projeto de vida?
Por que não seguiram seu projeto pessoal, deixando cada um fazer suas escolhas?
Stop!
Ah, pare um pouco e pergunte para a Inteligência Artificial: o que é projeto de vida?

Daí com as redes sociais, as brigas e os ataques acontecem como num campeonato... Aguardando curtidas
Que dó! O Padre Léo, mineiro que era, diria: *"É di da dó"*.
É di da dó a falta de criatividade! A falta de projeto de vida
Tem que:
— Opinar no *post* alheio, de um modo bem raso, só pra dar opinião
— Cuidar da vida do outro, criticar, julgar, condenar
E, por fim, dizer que Deus castiga
Kkkkkk

Desde quando Deus que é amor vai castigar?
Eu, eu, sim, fico me amargurando por causa das minhas escolhas atrapalhadas
As *fake news* se espalham e Deus paga o pato
Quer seguir o Mestre de Nazaré?
Otimize o seu tempo, siga o Cara e, se encontrar um bom motivo, Curte! Adiciona!

#DESDOBRAR

CRIADOR, O QUE TEM PRA HOJE?

O que tem na Netflix?

No evangelho de hoje Jesus diz pra Natanael:
Coisas maiores que esta verás![80]

(isso porque Jesus falou pra Natanael: *eu te vi embaixo da Figueira!* Ops, viu como? eu vejo tudo)

Lembrei de Estevão quando estava sendo apedrejado por ser cristão e... de repente, cheio do Espírito Santo, levantou os olhos e disse:

Vejo a glória de Deus e Jesus em pé à direita de Deus!
Uau
Eu também quero!!!!
Pedras, não!
Mas. Vê o céu. Vê Jesus no céu. Vê Deus. Os anjos.

Ou, quem sabe, vê duas formiguinhas juntinhas carregando uma folha...

Tem cara de céu, né?

Cara, a dica de hoje é: Levante os olhos pra ver o céu
Olhe para as formiguinhas curtindo a vida juntinhas

A dica de hoje é:
Busque uma maravilha que está bem na frente dos teus olhos!
Perceba algo simples, mas que Deus fez pra você apreciar!

Tá na telinha

---

[80] João 1:49-50.

Buscai a Deus, buscai a simplicidade
Buscai a Deus enquanto seu coração ainda está aquecido

#DESDOBRAR

SANTA MÔNICA, INTERCEDEI POR NÓS!

A mãe de Santo Agostinho

Quero imaginar Mônica-mãe tecendo o seu Credo

Mônica, em que você acredita?
Mônica, como é o Deus que você crê? É todo-poderoso?
É Criador? É Salvador? Ressuscitou?
Está vivo no meio de nós? Vivo, na sua casa?

Mônica, enquanto o seu filho fazia muitas bobagens, o seu Deus ainda assim era o todo-poderoso?
Mônica, depois de você assistir seu filhinho, seu tesouro se perdendo por mais de dez, vinte, trinta anos, Deus ainda assim era amor? Dava pra ter esperança?
Mônica, depois de 32 anos de preces e súplicas seu pedido foi atendido, e o seu filhinho, o Agostinho, dará a seguinte resposta aos seus anos de intercessão: *"Mônica, Aquele que te criou sem ti não te salvará sem ti"*.

Sua prece se uniu às preces do céu, Mônica/ESVAZIAR, QUEBRAR
Seu coração foi moldado, fortalecido
Seu desejo realmente se moldou ao desejo de Deus/DESDOBROU
Foi purificado, santificado. Deu fruto cem por um. Multiplicou seu talento
Seu tesouro, Agostinho, enriqueceu a humanidade.

E pensar que seu filhinho chegaria ao ponto de dizer:
"Tarde te amei, ó Beleza tão antiga e tão nova.
*Tu estavas dentro de mim e eu fora"./*DESDOBROU

Que encontro! Que Credo bonito, escrito a partir de tantos descaminhos...

Mônica, todos os dias você professava sua fé num Deus todo-poderoso?
Diz aí, como foi tecer o seu Credo no dia a dia?
Como foi costurar seu Credo? Crochetar seu Credo? Cozinhar seu Credo?
Caminhar, dia após dia acreditando... Viajar daqui pra lá, acreditando...
Saindo para trabalhar... Voltando para casa...

Digitando cada palavrinha: Creio em Deus Pai todo-poderoso...

#DESDOBRAR

OS MESTRES DO TEMPO DE JESUS SERIAM HOJE...

Youtubers, Coachs?

Diriam: Me siga! Ative o sininho!
Curta o canal para o algoritmo entender?

Naquela época, seguir um Mestre era muito legal

Jesus disse:
"Todo discípulo bem formado será como o Mestre"[81]

---

81   João 14:12.

Imagine o Mestre Jesus...
Jesus alegre, Jesus sorrindo
É assim que imagino Jesus
Porque
Ele dava dicas para uma vida boa
Fazia seus seguidores sonharem com a Casa do seu Pai/
DESDOBRAR
Tinha um bom papo, curava as pessoas
Portanto...
Devia ser bem-humorado
Sua *vibe* era Vida em abundância!
E se... Ele, o Pai e o Espírito Santo te vigiassem
Do tipo:
Não está sorrindo, não é feliz, não se cuida

Você "estaria no corgo"?
Ia dá ruim?
Reprogramando rota...
Cuidado com o algoritmo

Sorria, você está sendo filmado

#ESVAZIAR, QUEBRAR e SER

AI DE TI
AI DE MIM

Ai, ai, ai
   Vai doer

Jesus disse que se a graça passar e você não agradecer
Ou
Não estiver atento a ela
Vai doer

Mais cedo ou mais tarde,
Vai doer

Ai de mim se não perceber o sol nascer
Ai de mim se a chuva não me molhar
Ai de mim se não apresentar alegria para meu pensamento pensar

Ai de mim se não beber a água com sede
Ai de mim se não alimentar meu corpo com alimento
Ai de mim se não deixar meu coração amar
Ai de mim se não prevenir
Mas remediar
Haverá de ter uma farmácia em cada esquina

#DESDOBRAR

O LUGAR À MESA PASSA PELA PORTA ESTREITA

Naquele tempo...
Jesus seguia seu propósito e ia para Jerusalém
E perguntaram a Ele:
— É verdade que é difícil se salvar?

Jesus podia ter sido breve e falado assim:
— Sigam seu propósito de vida!

Mas
Falou por parábola:
"— A porta é estreita!"[82]

Pela porta estreita cabe nossa essência

---

82   Mateus 7:13-14.

Não cabe excessos
Não reconhece mágoa, inveja, ressentimento
Só passa o EU imagem do Criador
Vai ter que reconhecer o DNA, e ver que é da descendência do Criador.

PAUTA DO DIA:

A paz na sua casa!
   Ou
Jesus na sua casa!

Diante da última reunião de Jesus com o Criador, ficou decidido que no meio de uma multidão agitada Jesus deveria parar e ir até a casa de Zaqueu
   Estava na pauta do dia, Jesus na casa de Zaqueu.

A paz seria restabelecida naquela casa.

E, a partir daí, novos planos, novas atitudes, assuntos novos, Paz no coração!

"Zaqueu, desce depressa! Hoje eu devo ficar na tua casa".[83]

Foi o que Jesus disse para Zaqueu que se sentia pequeno,
   que tinha muitos bens, mas se sentia só, angustiado, em busca de algo

   Desça! Olhe para o Universo! Ocupe seu espaço!/ESVAZIE, QUEBRE
   Dê a si o valor que seu Criador já te deu!/DESDOBRE

---

83 Lucas 19:1-10.

Desça!
Entre na sua casa (seu coração, seus pensamentos enganosos)
e divida suas angústias com Aquele que te projetou, que te conhece

Olhe para si e pergunte-se: Quem sou eu?
Olhe com um olhar extremamente crítico para seus pensamentos e tome a decisão de vigiar para que eles não te confundam
(Tipo, não é porque estou pensando que está acontecendo)

O teu Criador, Aquele que capricha em seus projetos,
tem VOCÊ como prioridade na Pauta do dia de hoje!

Desafio do dia: Colocar a paz no sofá da sala.
Definir um lugar especial para a paz em seus planos.

#DESDOBRAR

EU SOU O BOM PASTOR![84]

Oi
Você tem um Bom Pastor,
percebe?[85]

EU SOU o Caminho,
percebe?[86]

EU SOU a Verdade,
percebe?

EM MIM você tem Vida,
percebe?

---

84 João 10:14.
85 João 10:14.
86 João 14;6.

E Você,
onde está?
o que vê?
o que realmente busca?

EU SOU,
para que também SEJAS
EU SOU,
para que tenhas referência
EU SOU,
e
VOCÊ É!

percebe?

#ESVAZIAR, QUEBRAR e SER

CRIATIVIDADE!
SOLIDARIEDADE!
ESTRATÉGIA!

Lá naquele tempo, Lucas deixou registrado no capítulo 5 uns amigos buscando um jeito de levar o amigo paralítico pra Jesus curar.
    E fica claro o planejamento deles ao usarem de criatividade, solidariedade e estratégia para ajudarem o amigo

    Reproduzindo a cena: chegaram na casa em que Jesus estava e diante da multidão aglomerada (tipo shopping na época de Natal)
    O que fazer?
Ah, ano que vem a gente volta!
Não!
Vamos pelo telhado!

Pois é
Encontraram um jeitinho de acalmar o coração do amigo paralítico
Arrancaram umas telhas e:
Licença! Licença!
Desceram a maca pelo telhado.

São loucos!

Quando foi que você cometeu um ato de loucura para acalmar o coração de um amigo devolvendo a esperança para ele?
Qual foi sua estratégia?
Sua criatividade?
Seu gesto solidário?

#DESDOBRAR

HORA DE VIVER[87]

Era meio-dia
  O sol estava quente
  Mas
  Sentar-se no lugar certo
  E...
  Dirigir a palavra a quem não "era digno"
  Tipo
  Conectar-se e pedir água
  Admitir, tenho sede
  Tenho sede de gente
  Tenho sede de conexão

---
[87] João 4:1-42.

Dá-me da tua água e te darei da Água Viva para não teres mais sede, foi o que disse Jesus para a samaritana que foi naquele horário buscar água do poço

Conectar-se/DESDOBRAR-SE
mesmo com o sol do meio-dia a confundir as ideias
e as emoções
Beber da água da conexão...
Do olhar e da compaixão...

O poço de Jacó foi cavado no deserto para matar a sede do seu povo e dos seus animais
O sol do deserto escaldante e os samaritanos eram os excluídos...
Tinham aquela água para sobrevivência
Uma Água Viva era urgente
A vida era urgente
Porque a fila anda
E o tempo passa
Vida hidratada

Vida que transborda
Que não mendiga

Que curte
Compartilha
Acolhe

CONEXÃO COM A PAZ, REFINADA[88]

Pedro, na busca da Conexão Refinada com seu Mestre, arriscou perguntar:

— Mestre, se eu perdoar sete vezes uma pessoa, terei paz no coração?

E Jesus contou a seguinte história para que Pedro entendesse como ter paz no coração:

— Pense assim, o rei resolveu acertar contas com seus empregados. Teve um deles que estava no "vermelho total" e seria vendido como escravo

O cara ficou com medo
#medo do presente e do futuro
#das lembranças tristes invadindo sua mente
#lembrou da insônia, que nada o fazia aquietar e repousar
#da ansiedade, como fechar a conta do dia? Como viver com 24 horas à sua frente?

O cara ajoelhou-se e pediu clemência
#Prazo! Prazo! Prazo! Pagarei tudo!

Foi solto, e a dívida perdoada
Aparentava evolução

Mas,
Não imitou os gestos do rei e saiu cobrando quem lhe devia
Perdeu a paz e justificou dizendo:
#você me humilhou e me xingou
#você não curtiu meus posts
#você não me convidou para o café
Pague o que me deve!
(Prendeu-se e perdeu-se nas suas lembranças)

---

[88] Mateus 18:21-35.

Todos os dias me lembrarei
Não quero ter paz total

O rei soube, deu bronca e a conta chegou:
tortura, pesadelo, angústia, tristeza em alta dose
#Tua dívida comigo foi zerada
Mas você programou sua tortura com:
ombros tensos, coluna travada,
cabeça pesada, noites em claro

O céu... O reino do céu... A paz sonhada...
mente tranquila, ombros soltos, respiração tranquila
Está no desapego e com os "acertos de contas" na leveza

na Conexão Refinada

REFINARIA DO AMOR[89]

Foi o que li com o coração ao passear pela conversa entre Jesus e Pedro:
"— *Pedro, tu me amas? Me amas? Me amas?*"

Foram três anos de aprendizado, de percurso pelas vias do amor para, enfim, refinar e exportar

Ao pesquisar sobre uma refinaria de petróleo:
— carro-chefe, diesel
— 30 mil metros cúbicos/dia
— capacidade de abastecer setenta mil tanques de ônibus com tanques de 450 litros
— leva sete dias para produção de combustível extraído do pré-sal

---

89 João 21:15-17.

— percurso: navios, tanques e bombeamento para o terminal X, em seguida, vai para a Refinaria

Descarregado, canalizado, forno aquecido a 1.300 °C

— 60 mil metros cúbicos de petróleo processados por dia

— a refinaria utilizou 20 bilhões de litros de água no processo de refino

— a metade dos combustíveis produzidos ali é entregue pelos Estados brasileiros

Imaginou?
Imaginou todo o percurso?
Equipamentos, pessoas, investimentos, e finalmente o combustível pronto para ser utilizado

Voltando a Pedro
Pedro, segundo relato bíblico, seguiu Jesus e ouviu seus ensinamentos por três anos
E teve a prova final: Me amas? Me amas? Me amas?
No período de três anos Jesus foi refinando o jeitão de Pedro
Amar a Deus acima da pescaria
Acima das preocupações diárias
Além do olho por olho
Amar, conforme, da forma que ele via Jesus amar

Pedro teve que se amar, se perdoar, se aceitar
Perceber-se escolhido e amado por Deus
Caminhar com Jesus, confiar
E depois, só depois, exportar o que preencheu seu coração
Exportar o amor vivido, experimentado, canalizado
Amor que, ao passar pelo fogo, deixou a fumaça da amargura sair pelas torres da refinaria, esses tipos de gases que não mais fariam parte do produto a ser exportado.
Amor pronto pra exportação!

#ESVAZIAR/QUEBRAR e SER

SABE A PALAVRA? A PALAVRA DE VIDA ETERNA?[90]

Ah?
 Pois é, tô falando das Palavras que o Filho do Criador do Universo postou quando esteve por aqui

O trecho desta Palavra que está separado pra hoje diz assim:
 "Quando olharem para uma árvore cheia de brotos, do tipo da Figueira, vai dar pra saber que o verão está perto.
 Vai dar pra saber que do broto virá uma fruta.
 E
 quando acontecer coisas assim, é porque o Reino de Deus está perto".
 A VIDA ESTÁ PERTO
 A VIDA QUE É PRA SER EM ABUNDÂNCIA/DESDOBRAR

Reino de Deus = fruta madura (no tempo certo)
 Reino de Deus perto
 Pra conquistar um reino envolve guerra Quem x Quem?

É hora de olhar para o meu coração,
 o que meu Criador tá querendo dizer?
 Batalha? Humildade? Atualização? Reiniciar?
 Isso parece que tem a ver com uma guerra interna, dentro do meu coração, pois faz 2 mil anos que foi postado e tem trilhões de curtidas:
 — preste atenção no Templo de pedra, não é bom que fique pedra sobre pedra
 — não se engane nessa vidinha acomodada
 — não tenha medo de enfrentar o exército dentro de você para vencer a guerra e ter paz
 — reveja o treinamento que deu ao seu exército até agora, veja se está de acordo com a luta que está travando

---

90 Mateus 21:18-22.

— o que ainda faz sentido?
— o que colabora para sua paz interior? (que não depende do que acontece do lado de fora)
— o que te põe de pé? o que amplia teu horizonte?

Ai de quem tem um projeto imexível!
Ai de quem não reflete sobre a vida!
Ai de quem não muda de atitude por orgulho ou comodismo!

A história mostra que até o Templo de Jerusalém foi destruído, mas foi reerguido!
Diante das dores, tristezas, medos, olhe para cima!

"Na vossa paciência possui as vossas almas".[91]

O que neste momento é pedra fundamental para construir o Reino de Deus em meu coração?

HOJE, NO SÉCULO XXI, PODE?[92]

E se der ruim?

No palco de hoje:
— Festa dos judeus
— Piscina de Betesda
— Um coxo à espera de um milagre
— Mentalidades presas a pressupostos e paradigmas:

Só se...
Pegue sua senha
Sempre foi assim
Meu avô fazia assim

---

91 Lucas 21:19.
92 João 5:1-18.

Não mudo por nada
Daqui não saio, daqui ninguém me tira

Mas, alguém pegou um lance e postou:
— o coxo vitimista, há 38 anos estava na mesma posição... esperando que o mundo se voltasse todinho pra ele... dando total atenção para o quem sabe... talvez...
— Jesus, o carinha com muitas curtidas
— Jesus apontando um *link* para o coxo clicar
— os cuidadores da lei prontos pra multar quem avançasse o sinal
— o bombardeio nas redes sociais: O coxo anda! Quem fez isso por você? Como assim? Conte os detalhes! Mande o antes e o depois! Vamos marcar uma *live*!

E hoje...
Pode?
Pode olhar além?
Pode virar o jogo?

#DESDOBRAR

É, A BÍBLIA É UM LIVRO MUITO GRANDE E DIFÍCIL DE ENTENDER...

No evangelho de João, 8, por exemplo, fala que:
— Jesus foi rezar no Monte das Oliveiras
— quando voltou, tinha muita gente querendo ouvi-Lo, ainda que com a intenção de pegá-lo numa contradição
— levaram uma adúltera para Ele julgar sua conduta
— Jesus então questionou os bastidores deles, a vida sem filtro, dos que estavam prontos para postar o nude da mulher
— Ele acolheu aquela mulher com aquela história de vida

Moral da história:
Mulher, onde estão eles? Os que te acusaram?

Onde colocamos os que nos acusam?

O livro é grande ou buscamos justificativas para nossos julgamentos?

A leitura é difícil ou fazemos opção por não ficar com a essência que é
#amor
#acolhida
#promoção do ser humano
#o autoconhecimento que tem a função de revelar a verdade.

"Conhecereis a verdade e a verdade vos libertará".[93]

ABAIXE-SE E ESCREVA NO CHÃO[94]

Se fores desafiado,
    abaixe-se e escreva no chão

Talvez seja este tempo que você precisará para tomar uma decisão
Para expor suas ideias

Foi o que Jesus fez quando os "donos do pedaço" o desafiaram para Ele dar a palavra final sobre o que fazer com a mulher adúltera

Ele tinha a resposta na ponta da língua
Mas
O desafio era convencer aquelas cabeças duras
O desafio era converter os corações

---

93 João 8:32.
94 João 8:6.

O desafio era romper com paradigmas

Então, Jesus abaixou-se e começou a escrever no chão
— buscou o olhar da mulher
— ganhou a atenção de todos
— questionou se ali havia alguém que não tivesse deslizado uma vez sequer

E cada um refletiu sobre suas verdades
Dar a resposta "correta" pode ser o mais simples
Já,
Libertar os corações exige sabedoria
(ninguém saiu festejando, mas todos se puseram a refletir)

Às vezes o que precisamos é
"Abaixar e escrever no chão"
Confrontar as sentenças do mundo com as possibilidades de libertação que o Universo tem a nos oferecer

Abaixe-se e escreva no chão

#ESVAZIAR, QUEBRAR e SER

A INDIVIDUALIDADE DE JOSÉ E MARIA

Pessoas que ouviram sua voz interior

Foi assim, naquele tempo José e Maria decidem se casar e, enquanto o projeto está sendo executado...
Maria ouve sua voz interior e acolhe um projeto novo e revolucionário que lhe é proposto; afinal, o novo projeto tinha a ver com seu propósito de agir em favor da libertação do seu povo e a promessa se cumpriria por meio dela
Maria tem um caminho novo a seguir que pode ser ajustado ao primeiro

Quanto a José, fica sem entender, questiona-se, e ouve também sua voz interior acolhendo o novo rumo de sua própria vida
Acolhe o fruto de sua união madura com Maria

José cuida dos detalhes:
tem que se alistar no recenseamento do império romano
buscar abrigo para o Menino nascer
fugir das situações de perigo
e seguir na sua profissão de carpinteiro para o sustento da família

Ensina o ofício de carpintaria para a criança que olha para ele
Definitivamente, José não é um tropeço na caminhada de sua companheira, ambos seguem fazendo suas escolhas diárias
Ambos ouvindo-se para decidirem, mesmo que sem entender como seria o "desfecho da aventura", caminhando juntos, com escolhas particulares

Indivíduos, tal como foram criados e sonhados
Sonhos próprios, ainda que compartilhados
Sem pressão, opressão ou cobrança
É o que a narrativa deixa transparecer e que parece ser um bom modelo:
Indivíduo
Individual
Único
Com digital única
Com sonhos particulares

Com responsabilidade única e intransferível de viver sua própria vida
A coragem de viver a vida com responsabilidade
De não ser peso para o outro

De não se anular
O que o Criador pensaria se sua criatura vivesse de forma nula?

LEVANTA-TE! SUPERE ESTE MOMENTO!

Acordei com o propósito de refletir sobre....
O PROPÓSITO
Olhei para a cruz, para Jesus pregado nela...
Pensei...
Jesus, você é o cara! O cara que não se desviou do seu propósito!

Veio para ser humano, e foi humano
Veio para trazer a salvação, e trouxe a salvação
Encantou as pessoas divulgando o cenário da Casa do seu Pai
Foi verdadeiro
Se fez caminho para que seus seguidores compartilhassem de Sua alegria
Mostrou um jeito novo de viver
Botou uma moldura nova na lei que escravizava e restaurou as regras para que, hoje, você e eu tenhamos vida, em abundância

Com o propósito de salvar as pessoas de uma rotina de morte, foi pregando na sua cruz:
— o medo de viver/o medo de ressignificar a vida
— o medo de ser saudável/o medo de ser feliz
— o medo de ser livre/o medo de partilhar o pão
(como se desse uma ordem: caminhem na contramão!)

E Seu Sangue derramado foi lavando, limpando, purificando tudo que cheirava a morte
Do Seu Sangue derramado fez gerar vida nova

Cada ensinamento Seu é acompanhado de uma historinha que pode nos levar a reflexões profundas
Sim, Jesus, você é o cara com propósito! O cara determinado!

Ah Jesus! É tão bom ter um Mestre para seguir
Tão bom ter uma Palavra que me salva da desesperança

Tão bom ter um amigo para dizer: Oi, Jesus! Bom dia, Jesus!
Vamos almoçar, Jesus, sente-se aqui perto de mim.
Boa noite, Jesus, vamos descansar.

#DESDOBRAR

UMA POSE PARA FOTO, CRUZ!

A **tinta da caneta** está pedindo pra ser derramada no papel

É sobre **a posição na cruz**

Algumas palavras que Jesus poderia ter dito enquanto estava se posicionando:
Estou com minha verdade, ainda que preguem minhas mãos, meus pés, esgotem meu sangue e a água saia do meu corpo
Ainda que aparentemente estejam me calando
Estou na posição da verdade, com minha verdade — fiel a mim, antes de qualquer coisa

Jesus pregado com sua verdade

Mais do que os pregos rasgando a carne e atravessando os ossos
A verdade prevalecia
O porquê de sua passagem pela Terra ia tomando forma para sair na pose correta na foto

E nós, ao olharmos para a **cruz e para o espelho**, temos então um modelo para vivermos nossa verdade. Como se diz por aí: assumir a cruz.
Braços abertos

Com nossa verdade individual, usando da nossa individualidade enriquecida do talento a nós confiado

Quer desafio maior do que ser verdadeiro?
A cada esforço para ser coerente com meu papel, o prego atravessa minha carne...
Compromisso com minha passagem por aqui
Compromisso com minha verdade

Dá pra encaixar facilmente às regras do livro *Os quatro compromissos*:[95]

— "A impecabilidade da Palavra
— Não levar para o lado pessoal
— Não tirar conclusões
— Dar o melhor de si"

Apenas fazer o que viemos pra fazer — assumir a cruz — assumir nossa história

#ESVAZIAR, QUEBRAR e SER

---

[95] Don Miguel Ruiz, *Os quatro compromissos*. Rio de Janeiro: Bestseller, 2021.

REPROGRAMANDO A ROTA

Vixe, tantas coisas foram feitas por mim

Permitiram que eu nascesse

Alguém passou noites em claro por mim. Noites sem dormir...
Papinha na minha boca
Mãos foram estendidas para eu aprender a caminhar
Boas intenções tiveram comigo

Ok. Ok. Ok.
Não foi perfeito, foi o que tinha pra ser naquela ocasião
Estamos falando de seres humanos em evolução
Atire a primeira pedra quem nunca falhou num experimento.

É que estou ousando pisar no terreno do Sangue derramado
Seguir a placa indicando: "Caminho, Verdade e Vida"
Ele se fez Caminho para eu ter Vida
Nele tenho a Verdade para ser percebida e descoberta ao longo da caminhada da vida

Ah, o Sangue ainda não me tocou
Tenho apenas observado a Cruz
É tempo de seguir o Caminho em busca do Tesouro que tenho, minha vida

Criei tantas expectativas na caminhada...
Esperava que tivessem feito coisas diferentes por mim, e...
Olhei tanto para minhas dores a ponto de não mais saber viver sem elas

Estou pensando em experimentar lavar minhas expectativas no Sangue
Já ouvi falar tanto sobre isso

Bora fazer a experiência

"O que sabe aquele que não foi experimentado?"[96]

É,
vou aproveitar que é um tempo oportuno, e...
Fazer algumas conversões.
Tenho um tesouro a zelar.
Tenho um tesouro.
Tenho vida.

#DESDOBRAR

PERFUME SEU CORAÇÃO

Perfume seus dias
    Salve-se de suas amarguras

    Imagine a cena: Jesus indo até a sua casa
    pessoas estão reunidas em volta da mesa
    é possível sentir que tem um perfume no ar!
    Que perfume é?
    Lavanda, rosas, campestre, alecrim, amadeirado, cítrico?

    Os comentários começam a surgir nas redes sociais:
    — por que se reunir com essas pessoas se pelo mundo afora tem outras tantas num sofrimento sem fim?
    — por que uma mesa posta se tantos passam fome?
    — para que perfumar a casa?
    — por que ser grato pelas bênçãos recebidas?
    — tá achando que a vida é isso?

---

96 Eclesiástico 34:9.

Diante da reunião de pessoas celebrando a vida e com espírito de gratidão...
Jesus ganha mais seguidores e os amargurados de plantão entram em desespero

Jesus dá uma piscadinha pra você, e bora viver o momento presente
de forma presente
abrindo-se ao momento presente
como um presente
E Jesus fala no seu ouvido:
lembre-se de que você está no mundo e que no mundo terá aflições
Coragem! Eu venci o mundo!
(não deixe de me seguir, curta e compartilhe suas bênçãos)

Salve seu coração da amargura!
Viva o presente!

QUAL É A MÚSICA?

Em 1970, começou o programa de TV *Qual é a música?*, do Silvio Santos, em que havia uma gincana musical.

O desafio era descobrir a música com o toque de poucas notas musicais

Hoje o desafio é:
Qual é a música que te tira para dançar?

Qual é a música que te faz chacoalhar as cadeiras?
Que te faz rebolar?

Qual é a música que te conecta com o teu Criador?

O tempo está passando

tic tac tic tac tic tac

(responda pra mim, qual é sua música hoje?)

#DESDOBRAR

APLICATIVO LUZ E TREVAS

O que é pecado? É quando saio da sala iluminada,
que tem luz, e vou para um lugar escuro

Pra entender o pecado
Baixe agora o aplicativo LUZ e Trevas
Objetivo: ver que o pecado acontece quando saio da luz

Regras:
Você tem um chip com seu propósito
No Jogo da Vida muda de fase e vence a partida quem tem mais pontos iluminados.

Pontos iluminados
Saber do que gosta
Cuidar da mente
Cuidar do corpo
Rir
Curtir pessoas alegres

Vencedor
Quem muda de fase e alcança seu propósito.

Entro no quarto e abro o aplicativo

Tem duas salas: Sala iluminada/Sala das trevas

Na Sala iluminada vejo Jesus, que ilumina as fases com raios de luz e percebo o que tem de bom no meu dia

Quem ilumina essa sala? Jesus
— com sua presença
— com suas dicas maneiras

Na Sala das trevas, diante da escuridão, meu dia
— vai no tranco
— mudo de fase sem saber aonde vai dar
— medo, tensão, insegurança
— não encontro saída

Saio da Sala das trevas
E
Entro na Sala iluminada
estico o braço
dou minha mão para Jesus
o muro cai, tiro a máscara,
rompe a barreira, rasga o véu
e mudo de fase
Conexão *top hard* das galáxias

Saio da sala iluminada
E
Sinto atração pela Sala das trevas
entro
e sem a claridade, fico confuso e
começo a brigar sem perceber as consequências,
sinto muita raiva e grito pra ser ouvido

Baixe o aplicativo e entre nesse jogo pra ganhar

#DESDOBRAR

MEU SANTO
MEU SANTINHO

Intercede por mim!
    Intercede por nós!

    Que bênção ter um "santo"
    na outra dimensão
    no outro plano
    no céu
    na Casa do Pai

    Santo...

    Alguém que num dado momento da vida fez escolhas diferenciadas

    E hoje decido seguir seus passos
    Fazer algo do jeito que ele faria

    O que meu santo faria nessa situação?

    O que meu santinho escolheria?

    Bora fazer conexão com a turma do bem

    Bora pesquisar em fontes seguras

    Bora apostar no que traz paz

"TUDO ESTÁ NO SEU LUGAR, GRAÇAS A DEUS, GRAÇAS A DEUS!"[97]

Cada coisa no seu canto
    No canto que encontrei, no canto do meu encanto,
    do meu pranto, com meu santo

Num canto do mundo, para meu e teu encanto,
Ele se fez homem,
para nos deixar isso como Manual de Existência,
não de sobrevivência!

Ao longo do tempo,
não ouso dizer da vida
porque vida
Ah VIDA É,
É, o que nossa alma anseia

Ao longo da vida, achamos miúdas as letras do Manual
E...
Como que
Por assim dizer...
Seguimos gurus desinformados

E a Luz veio ao mundo, apagamos a Luz
Deixamos de lado o Manual

Mas, quando pudermos novamente
Sermos Seres Humanos
a ponto de
Formatar a Inteligência Artificial com o Manual de Existência

---

[97] "Tudo está no seu lugar", Benito di Paula.

Ah,
Então veremos que
"Tudo está no seu lugar, graças a Deus, Graças a Deus!"

Cada coisa no seu canto,
para o nosso encanto,
ainda que aos prantos.
Porém, com um novo canto

"FICA CONOSCO, SENHOR!"[98]

Por quê?

O que Jesus fez para que os discípulos desmotivados dissessem:
"Fica conosco, Senhor!"

Ativou o sininho do propósito deles
do que dava sentido aos seus dias, seus projetos
Ativou o sininho da alegria

Voltemos no Instagram dos discípulos de Emaús e vejamos o Carrossel daquele dia fatídico:
— o Jesus que seguimos tem na sua bio que: sabe de onde veio; sabe para onde vai; tem alto grau de autoconhecimento
— conhecemos, seguimos o Cara e nos arriscamos por Ele
— do nada, o Cara morreu!
Pode isso? Bateu nossa carteira. Tirou nosso chão

Até que página eles leram?
Vamos ver o perfil de Jesus novamente:
— autoconhecimento, Eu Sou!

---

[98] Lucas 24:29.

— vim da Casa do meu Pai, na Casa do meu Pai é assim, assim e assim!
— volto para a Casa do meu Pai, meu Reino não é deste mundo!
— não os deixarei sós.

Ele praticava o autoconhecimento
Tinha projeto, foco, constância
Conhecia seu Propósito
E foi assim que, depois de passarem horas com pesquisas vazias no celular, entraram no Canal de Jesus novamente e...
O sininho tocou dentro deles: Tu que És, fica!
Para avançarmos
Para evoluirmos
Para sermos

Fica conosco, Senhor!

#ESVAZIAR, QUEBRAR e SER

LOCALIZE-SE!

Onde estás?
No barco da vida, o que vês?
Descreva.
Desenhe. O que tem à sua volta? A sala, os móveis, o celular. O que tem?
Quem está com você? Como é essa pessoa? O que ela faz de especial?
O que você irá fazer hoje que vai te fortalecer?
Alguma coisa que seja especial para você

E os imprevistos, intempéries, dissabores
Como tens enfrentado?

No barco da vida, com tempestades e bonanças
Como tens remado?

Jesus, que é o Cristo
olha nos seus olhos, pega na sua mão, recosta você nos seus ombros
e
tem Pão para te alimentar

É que "saco vazio não para em pé"
Eu sou o Pão da Vida!
Lembra? Lembra que tem Pão para teres Vida?

E por que não?
Faz quanto tempo que não te permites uma alimentação funcional?
Que funciona...
Que nutre
Que organiza
A vida
O barco
Os dias
Os sonhos

Localize-se!

ASSEMBLEIA NO CÉU
ASSEMBLEIA NO UNIVERSO

Todos ali reunidos:

Criador, Salvador, Santificador, anjos, e os que já desfrutam dessa conexão nessa dimensão (celestial).

Assunto específico:
Resgate da humanização dos humanos

Pauta do dia:
1- O fato é:
— Não investem no autoconhecimento
— Desenvolveram "bezerros de ouro"[99] para adorar
— Desprezo pelo natural e busca frenética pelo fácil

2- Propostas para levá-los a se questionarem:
— O que estão fazendo da Semelhança que têm com o Criador?
— Quando acordam são capazes de postar ao menos duas razões para serem felizes naquele dia?
— Como estão curtindo a Vida em Abundância?[100]
— Quais os medos e angústias que estão entrando em extinção? (que venceram)

Reflexão para o próximo verão:
"Corríeis bem, o que cortou seus passos?"[101]

#ESVAZIAR, QUEBRAR e SER

---

99 Êxodo 32.

100 João 10:10.

101 Gálatas 5:7-13.

PROCURAÇÃO COM FIRMA RECONHECIDA

Sou representante do Criador do Universo

Que cara é essa?
Não parece?
Não tenho o jeitão Dele?

Psiu, você também é

Tô aqui pra fazer bonito!
Tenho um propósito dentro de mim
Se der bom, o Nome Dele é glorificado
Mas, se der ruim...

Tem uma comparsa do nosso tempo, tá andando por aí, ela é uma curiosa do cérebro
    Ela é psiquiatra e tem como propósito investigar o cérebro e ajudar as pessoas, Dra. Ana Beatriz Barbosa Silva
    No último livro dela,
Felicidade,[102] ela fala da laranjeira que, pra ser feliz, dá laranja
    Simples assim
    Eu, pra ser feliz, tenho que subir no palco da vida e fazer meu show, botar em prática o meu propósito
    E o que acontece?
    Qual a consequência?
    Daí, o nome do meu Criador é glorificado!
    Tipo, a criatura deu certo!

Psiu, você tem a Procuração com Firma Reconhecida
Vê se reconhece
Descubra-se
                                    #DESDOBRAR

---

102 Ana Beatriz Barbosa Silva, *Felicidade*. Rio de Janeiro: Principium, 2022.

MEXA-SE! JÁ DEU! DÊ O SEU RECADO!

Metaverso X Inverso

Século passado X Século que passa

Evangelho (2 mil anos) X Tempo presente

Alguns fatos do passado linkados no hoje:

1) Paulo apóstolo surgiu com um anúncio maluco. E ficaram umas perguntas no ar:
Perdeu a cabeça?
Está sem identidade?
ou, quem sabe, o *Google maps* apontou para ele onde estava a essência do Ser Humano?

2) Maria de Nazaré guardava todos os mistérios no seu coração. Hoje todo mundo já sabe[103]

3) Estevão, depois que viu seu caminho, sua luz, seu Senhor, tirou seu foco da dor, das pedradas, dos julgamentos. Piscou pra galera e disse: Eu vi[104]

4) Marta e Maria tinham como suporte o Caminheiro a quem tinham liberdade pra mandar chamar, pra oferecer casa e comida, pra rir e chorar juntos[105]

---

103 Lucas 2:19.

104 Atos 7:56.

105 Lucas 10:38-42.

5) Moisés, depois que tirou as sandálias e se achegou à sarça ardente, ao surreal — nada o deteve — deu passos decididos e deu seu recado ao faraó[106]

Quantos aos apóstolos de Jesus, ficaram com a responsa de *linkar* AT com NT
Mas,
Os apóstolos nem tinham celular, nem eram engenheiros *prompt*

Desafio lançado pra quem tá vivo:
Que surjam engenheiros *prompt*!
Que não sujam!
Desbravar juntos, tecnologia e essência humana, afinal são apenas 2023 anos no Universo de meu Deus
Nada que *chatGPT* não interligue num resumo breve de dez páginas com antes/depois/e agora

Elementar!
Se
Se a pergunta for feita com sabedoria, a IA (Inteligência Artificial) criará respostas para nós que somos os ansiosos de hoje (e sempre existimos em outras versões, kkk) com um paralelo maneiro
Na linguagem que sou capaz de ouvir, ou não
"Quem tem ouvidos, ouça!"[107]
Essa é antiga kkk

Mexa-se! Já deu!
Dê o seu recado!

#DESDOBRAR

---

106 Êxodo 3 e 4.

107 Apocalipse 3:6.

ÓLEO ESSENCIAL[108]

Não perca sua essência, e siga em frente

Quem não tem, usou ou ouviu falar de Óleo essencial? essência...

Lá nos antigamente, por volta do ano 50-52 d.C., o apóstolo Paulo estava em Atenas, no Areópago, que era o STJ de Atenas, conhecido pelo senso de justiça e pela integridade; encarregado do julgamento de casos religiosos e políticos. Ali estavam pessoas sábias e magistrados

Paulo foi desafiado e... não perdeu sua essência!
Paulo não perdeu o foco! Estava ali para levar uma *msg*! E foi à luta!
Mas,
Paulo disse que
se fez um com todos! (dançou conforme a música)

Imagino a carinha de contentamento de Jesus, pois Paulo não fazia o tipo morno ao defender seus ensinamentos, mas com esperteza e sabedoria!

1- Paulo ficou muito irritado quando viu que aquele povo adorava muitos deuses
2- Paulo buscou uma brecha
3- Na hora de agir, elogiou o que aquele povo tinha de bom e agiu
Entendeu? Copiou? Conta pra Alexa

Então, Paulo começou a *live* assim:
Andei pela cidade e vi que vocês são religiosos

---

[108] Atos 17:16-34.

Vi também que fizeram um altar com a seguinte placa:
#A um Deus desconhecido#
Vim falar Dele!
É Nele que temos a vida! Comecem a segui-Lo e curti-Lo!
Façam uma releitura de suas buscas X resultados
Façam perguntas claras para que o algoritmo vá direcionando conteúdos que contenham dados sobre a verdade
#A verdade liberta!#

O Deus desconhecido está linkado com a verdade
Ele não leva em conta o tempo vivido na ignorância
Nem as curtidas noutros canais

Ele convida a todos! Dá vida para todos!

Ok! A *live* foi boa
Milhões de pessoas assistiram, até a hora que Paulo disse que o Deus desconhecido havia morrido na cruz e #ressuscitado#
Ressurreição, foi demais! Daí muitos saíram da sala;
Enquanto outros aceitaram a msg completa e continuaram a seguir Paulo por causa do Deus revelado!

Paulo hoje chegaria ao Metaverso
com Cristo, por Cristo, em Cristo, e cantaria:
Quem nos separará do amor de Deus?
Quem? O quê? De que forma?
Deus é maior!

Quem nos separará da nossa essência?

Imagino Paulo assim:
— criaria seu avatar
— uma sala de conexão com o divino
— usaria óleo essencial com cheiro de Verdade
— uma sala do respeito ao próximo

— um Areópago
— uma sala de louvor/Magnificat (bate-papo com Maria e os apóstolos)

Paulo, no ano 50 d.C., atravessou mares para dizer que é possível dar sentido à Vida. Hoje, atravessaria o Universo, mas não se calaria!

#DESDOBRAR

IMAGINE-SE ENTRANDO NO REINO DOS CÉUS

Conta pra mim,
   como você está?
   O que levou com você?
   Quais pensamentos? Quais sentimentos?

Levando em conta que Deus é amor,
eu ficaria bem na *selfie* amando, exalando amor
Escolhendo amar!
É isso, entraria no Reino dos céus amando

Sobre o pensamento,
posso me lembrar de Jesus fazendo um alerta a Pedro:
— *Pedro, seus pensamentos não são os meus pensamentos!*[109]
Então eu estaria muito atento para não permitir que pensamentos ruins ocupassem minha mente
Eu entraria no Reino dos céus esperando encontrar luz, vida, paz

Os sentimentos seriam os melhores, pois já venho cultivando o mal há muito tempo. Já deu!

---

[109] Mateus 16:23.

É chegada a hora de deixar a raiva, vingança, medo do lado de fora
Prontinhos para serem queimados
(aliás, cansei de levar esses sentimentos para cama, e dormir com eles. Levar para um passeio, e não curtir o momento. Basta!)
Entraria no Reino de meu Deus, alegre, sem ansiedade, vivendo o momento presente

Eu levaria roupa leve, água e um lanchinho
Posso recordar as palavras de Jesus: não levem duas túnicas!
Não levaria sacola pesada, nada de excesso

Enfim, ao entrar no Reino dos céus eu estarei fazendo boas escolhas,
estarei cuidando de mim da melhor forma,
terei a certeza de que, se eu me respeitar, o mundo será melhor
Isso é Amor!

O Reino dos céus
Sim, o Reino dos céus já poderia estar instalado se eu tivesse foco e fosse perseverante

#DESDOBRAR

SANTIFICAR O DIA

Seria dar atenção ao dia?
Seria viver cada momento do dia?
Seria estar presente no dia?

Logo pela manhã ouvi
dia santo
Dia de...

Não deixar que esse dia passe em vão
Que pareça um dia inútil
Que pareça um dia desnecessário

Santificar minha presença neste dia
Santificar minha consciência de que tenho um Criador
Santificar o pão nosso de cada dia

Dia de reconhecer o que é nobre
Reconhecer o que tem cara de céu
Reconhecer o que tem cheiro de céu
Fazer céu
Ser céu

SOBRE ETERNIZAR
DEIXAR PERFUME

Beto Carrero
    Cara, que coisa grande!
    Tem cara de Beto Carrero, cheiro, jeito.
    É o que acontece quando se está no *Beto Carrero World*
    Ele se foi, sua obra está eternizada

    Em Barcelona, Gaudí se foi e sua obra está eternizada

Eternizados para ficar um suspiro no ar

Mas tem algo, tem um olhar
Não se trata de ser premiado, reconhecido

Mexe na alma

É como se, ao retornarem para seu Criador apresentando os talentos a eles conferidos, recebessem o Certificado de reconhecimento da Missão cumprida, do propósito levado a sério

#DESDOBRAR

O que me foi dado?

Algo exclusivo
Inédito
Único

Na minha vida
O que me foi dado que ainda não compreendi?

Que parábola a vida tem apresentado a mim que ainda não gastei tempo para compreender?

A quê esse meu coração ainda está insensível?
Deixo para depois...
Fecho os olhos...
Deixo a cura para outro momento...

O que ainda me impede de viver? O que está reservado para mim?

Qual o verdadeiro (de verdade) desejo do meu coração,
Impresso no meu DNA?

"Por que tendes maus pensamentos?"[110]

Por que dais brecha ao que te machuca?
Por que não te cuidas com carinho?
Por que cultivas e adubas o terreno das lembranças que te ferem a ponto de não mais abrires um sorriso leve?

"Corríeis bem. O que te cortou os passos?"[111]

Acreditas realmente em outra vida a ponto de se dar ao luxo de viver mal esta que tens como presente?
Acreditas realmente que terás o amanhã e por isso desprezas o hoje?

"Desperta tu que dormes!"[112]

Desperta para tua vida
Desperta para tua singularidade
Desperta para tua potência
Desperta teus sonhos
E coloque-se no caminho

Naquele dia em que a multidão viu o aleijado sendo curado, pegando sua cama e caminhando...
Ficaram com medo

A escolha é sua:
Medo
ou
Coragem de VIVER?

---

110 Mateus 9:4.
111 Gálatas 5:7.
112 Efésios 5:14.

Nada mudou

Mude você!
Volte para a pose inicial

Você está sendo filmado

Vamos, coragem!
Aquela pose combinada
Pose de filho do Universo
Pose de coautor da obra divina

Não se distraia!
Deus não tira os olhos de Sua obra
Deus não tira os olhos de você.
Volte para a pose inicial
Pose de filho amado de Deus

Câmera! Ação!

Um novo riso.

*Ser,
novamente
nova mente...
novo humano,
Humano*

❧

*Desdobre-se em
Ser Humano*

FONTE Alda OT CEV
PAPEL Pólen Natural 80 g/m²
IMPRESSÃO Meta